지켜 줘요

완 전 소 중한

인권

통합교과 시리즈 참 잘했어요 **사회 ❺**

지켜 줘요 완전 소중한 인권

ⓒ 이솔지, 2014

1판 1쇄 발행 2014년 7월 18일 | **2판 2쇄 발행** 2024년 7월 1일

글 이솔지 | **그림** 황하석 | **감수** 초등교사모임
펴낸이 권준구 | **펴낸곳** (주)지학사
편집장 김지영 | **편집** 박보영 이지연 | **디자인** 이혜진 이혜리
마케팅 송성만 손정빈 윤술옥 | **제작** 김현정 이진형 강석준 오지형
등록 2010년 1월 29일(제313-2010-24호) | **주소** 서울시 마포구 신촌로6길 5
전화 02.330.5263 | **팩스** 02.3141.4488 | **이메일** arbolbooks@naver.com
ISBN 979-11-85786-08-7 74300
ISBN 978-89-94700-68-7 74300(세트)
잘못된 책은 구입하신 곳에서 바꿔 드립니다.

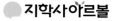 아르볼은 '나무'를 뜻하는 스페인어. 어린이들의 마음에
담긴 씨앗을 알찬 열매로 맺게 하는 나무가 되겠습니다.
홈페이지 www.jihak.co.kr/arb/book | **포스트** post.naver.com/arbolbooks

지켜 줘요
완전 소중한
인권

글 **이솔지** | 그림 **황하석** | 감수 **초등교사모임**

지학사아르볼

사회는 왜 어려울까?

1. 역사·경제·지리·문화·정치 등 공부해야 할 범위가 넓다.
2. 책이나 교과서를 볼 땐 이해할 것 같다가도 돌아서면 헷갈린다.
3. 사회 교과를 공부하기 위해 꼭 알아야 할 단어가 너무 어렵다.
4. 사회 공부 책은 글만 빽빽이 많아서 지루하다.

사회 공부, 쉽게 하려면 통합교과 시리즈를 펼치자!

통합교과란?
- 서로 다른 교과를 주제나 활동 중심으로 엮은 새로운 개념의 교과
- 하나의 주제를 **개념·역사·경제·사회·과학·수학·인물** 등 다양한 교과 영역에서 접근해 정보 전달 효과를 높임
- 문이과 통합 교육 과정에 안성맞춤

이런 학생들에게 통합교과 시리즈를 추천합니다!

사회 교과를 처음 배우는 초등학교 **3학년**

사회가 지겹고 어렵게 느껴지는 **4학년**

개념
개념을 알아야
주제가 보인다!
개념 완벽 정리

인물
한 분야를 대표하는
위대한 인물의
리더십과 창의력을
배운다!

역사
동화·만화·인터뷰 등
재미있게 풀어낸
이야기를 읽다 보면
역사 지식이
머릿속에 쏙!

**통합교과
시리즈**

사회
정치·경제·지리 등
사회 과목을 세부적으로
파고들어 주제에 대한
이해를 높인다!

수학
스토리텔링 수학!
일상생활 속에서
수학적 사고력을
기른다!

체험
글로만 배우는
사회는 그만! 체험을
통해 책에서 얻은
지식을 진짜 내 것으로
만들자!

차례

호빵이

세상에서 빵을 제일 좋아하는 호랑이예요.
마음씨가 곱고 성격이 차분하답니다. 눈물
이 많아 언제나 손수건을 들고 다녀요.

곰곰이

곰곰이 생각하기를 좋아하는 곰이에요. 씩
씩하고 명랑하죠. 성격이 조금 급하기는
하지만 그것조차 사랑스럽답니다.

방깨비

포근하게 방에 있는 것을 좋아하는 도깨
비예요. 올해로 3,003살이지요. 슬기롭
고 다정한 방깨비를 모두들 좋아해요.

세지롱 도서관

호빵이와 곰곰이가 사는 마을에 있는 도서관이
랍니다. 이곳에는 없는 것이 없어요. 마법으로
가득한 꿈나라 같은 곳이지요.

① 특명!
인권을 알아내라!

개념 인권이란?

어느 날 호랑이와 곰에게 생긴 일

"나 있잖아, 사람이 되고 싶어!"

생각하기를 좋아하는 곰 '곰곰이'는 한참을 말없이 곰곰이 생각하더니 이렇게 말했어요. 소파에 앉아 느긋하게 크림빵을 먹던 호랑이 '호빵이'는 깜짝 놀라 대답했지요.

"그게 무슨 뚱딴지같은 소리야?"

"사람 마을에 갔다 온 다음부터 쭉 생각한 거야. 나 정말 롤러코스터가 타고 싶었단 말이야!"

몸집이 커다란 곰곰이에게 사람 마을의 롤러코스터는 너무 작았어요. 한쪽 발만 살포시 넣었는데도 종아리가 자리에 꽉 끼었거든요. 이야기를 듣던 호빵이도 고개를 끄덕였어요.

"나도 사람이 되면 좋을 것 같아. 찰랑찰랑 머리카락도 휘날려 보고, 목욕탕에도 차분히 들어가 볼래. 지난번에 내가 들어갔더니 물이 다 넘쳐 버려서 참 미안했거든."

"좋아. 그곳에 가면 방법이 있을 거야. 우리 '세상 모든 지식이 여기에 있지롱' 도서관으로 가자!"

'세상 모든 지식이 여기에 있지롱 도서관'은 호빵이와 곰곰이 마을의 자

랑이에요. 이곳에는 없는 것이 없답니다. 모두들 줄여서 '세지롱 도서관'

이라고 불러요.

"여기 있다! 『사람이 되는 법』!"

곰곰이는 좌르르 책을 펼쳐서 '호랑이와 곰은 여기를 보시오' 장의 '사람

이 되는 가장 간단한 방법'을 찾아냈어요.

100일 동안 쑥과 마늘만 먹기

"우아, 정말 간단하다! 호빵아, 우리 어서 시작하자."

하지만 며칠 뒤, 호빵이는 눈물을 또르르 흘리며 곰곰이를 찾아왔어요.

13

"곰곰아, 마늘이 너무 매워서 더 이상 못 먹겠어. 마늘빵을 만들어 먹으면 안 될까? 나는 세상에서 빵이 제일 좋은데……."

"어휴! 어쩌면 좋아. 그러면 나라도 한번 해 볼게. 찾아보니까 우리 조상님 중에 정말 100일 동안 쑥과 마늘만 먹고 사람이 된 분이 계시더라고!"

하루가 가고, 이틀이 가고 곰곰이는 매일같이 불고기, 피자, 딸기, 아이스크림을 배불리 먹는 꿈을 꾸었어요. 이제는 호빵이의 얼굴이 노오란 피자 호빵처럼 보일 정도였죠.

"으악, 못 참겠다! 못 참겠어! 와구와구, 냠냠."

호빵이와 곰곰이는 다시 세지롱 도서관으로 가 『사람이 되는 법』을 펼쳤어요. 책장을 스륵스륵 넘기다 보니 이번에는 '사람다운 사람이 되는 가장 좋은 방법'이 눈에 띄었지요.

인권이 무엇인지 똑똑히 알기

"인권? 인권이 뭐지? 곰곰아, 넌 알아?"

"아니, 나도 몰라. 우리 방깨비에게 가서 물어보자."

　이웃 마을에 사는 '방깨비'는 방에 있는 걸 좋아하는 도깨비랍니다. 호빵이와 곰곰이의 좋은 친구죠. 무척 똑똑한 데다가 도깨비방망이로 마법도 부리고 사람들과도 친해요.

"깨비 깨비 방깨비야! 우리랑 같이할 게 있어!"

　호빵이와 곰곰이는 지금까지 있었던 이야기를 방깨비에게 재잘재잘 들려주었어요.

"사람이 되기 위해 인권에 대해 알아봐야 한다고? 재미있겠는데?"

"야호!"

　호빵이와 곰곰이는 방깨비의 대답에 신이 나서
팔짝팔짝 뛰었답니다.

15

너도 나도 소중해 – 인권의 뜻

　호빵이와 곰곰이가 사람다운 사람이 되기 위해서는 인권이 무엇인지 반드시 알아야 한다고 해요. 인권이란 대체 무엇일까요?

　인권은 '사람의 권리'라는 뜻이에요. 조금 더 쉽게 풀어서 말하면, '사람이라면 누구나 누릴 수 있는 권리'랍니다. 한자로는 '사람 인(人)' 자와 '권리 권(權)' 자를 쓰고, 영어로는 'Human Rights'라고 해요.

　이 세상의 모든 사람은 소중해요. 사람을 소중히 여기는 데에 다른 이유는 필요 없답니다. 단지 사람이라는 이유 하나만으로 모두가 귀하고 사랑받아 마땅하지요.

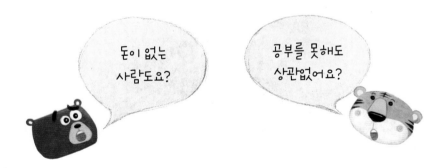

돈이 없는 사람도요?

공부를 못해도 상관없어요?

　물론이에요. 인권을 누리는 데에는 어떠한 능력도 필요하지 않아요. 모든 사람은 피부가 하얗든 까맣든, 남자든 여자든, 어른이든 아이든 똑같이 소중해요. 그저 사람이기만 하면 인권을 누릴 수 있는 모든 자격을 갖춘 것이랍니다.

"우리 모두 인권이 있어요!"

나야 나, 인권! 내 소개를 할게 – 인권의 특징

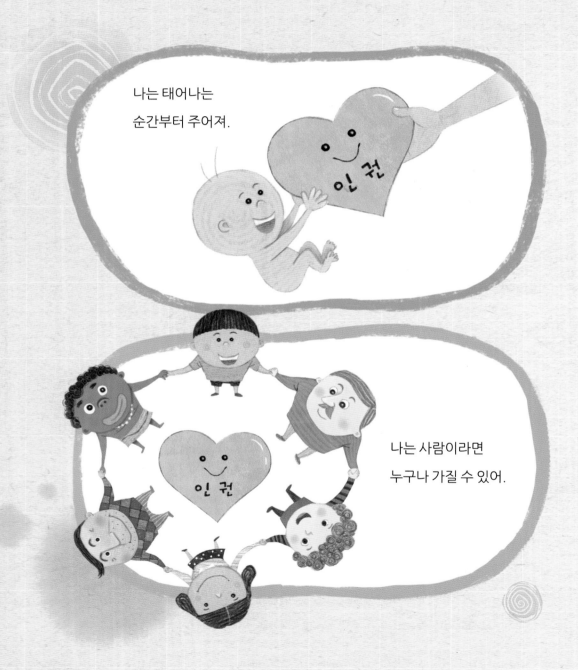

나는 태어나는
순간부터 주어져.

나는 사람이라면
누구나 가질 수 있어.

'다른 것'은 '틀린 것'이 아니야
– 인권을 지키기 위해 버려야 할 것

이 세상에 똑같은 사람은 단 한 명도 없어요. 심지어 일란성 쌍둥이도 자세히 보면 조금씩 다른걸요? 우리 모두가 서로 다른 것은 당연한 거예요. 하지만 다른 것을 잘못 이해해서 나타나는 행동과 생각이 있어요. 바로 차별과 편견이랍니다.

> **차별** (差^{다를 차} 別^{다를 별}) 차이를 두어서 구별함
>
> **편견** (偏^{치우칠 편} 見^{볼 견}) 공정하지 못하고 한쪽으로 치우친 생각

세상에는 차별과 편견으로 힘들어하는 사람들이 많이 있어요. 새 학기를 맞은 어느 교실에서 이런 일이 벌어진다면 어떨까요?

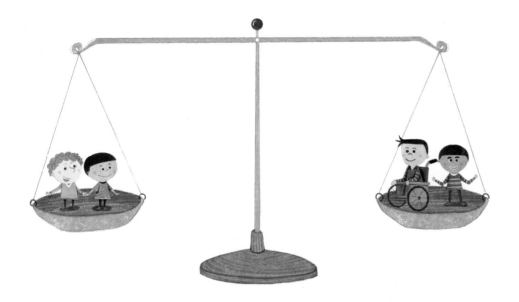

　누구라도 친구들에게 이런 대우를 받는다면 무척 슬플 거예요. 다른 것은 틀린 것이 아니랍니다.

　또한 우리는 모두 소중하기 때문에 차별을 하고, 편견을 가져서는 절대 안 돼요. 인권을 지키기 위해서는 차별과 편견의 태도를 버려야만 하지요.

　몸이 조금 불편해도, 피부색이 달라도 똑같이 소중한 친구예요. 모든 사람은 평등하게 태어났다는 사실을 꼭 기억해야 한답니다.

"아하, 인권이란 사람이 사람으로서 당연히 누릴 수 있는 권리구나. 이제 알았어."

호빵이가 무릎을 탁 치며 말했어요.

"나도 나도. 그럼 인권이 무엇인지 알았으니 사람으로 변신할 수 있는 건가? 어서 변해라, 얍! 사람이 되어라, 이얍!"

곰곰이가 이리저리 엉덩이를 씰룩거리며 주문을 외웠지만 도무지 사람으로 변할 낌새가 보이지 않았지요.

"이상하네. 방깨비야, 뭐가 잘못된 걸까?"

곰곰이가 머리를 긁적이며 말하자, 방깨비가 답답한 듯 가슴을 툭툭 치며 말했지요.

"어이구, 성질도 급하다. 생각해 봐. 누군가 곰곰이 너의 얼굴이랑 이름만 알면서 너에 대해 다 안다고 하면 말이 돼, 안 돼?"

"안 되지!"

"인권도 마찬가지야. 인권이라는
말의 뜻을 아는 것은 물론 중요하지만, 그것만 알았다고 해서
인권 전부를 알았다고는 할 수 없어."

방깨비의 말을 들은 호빵이와 곰곰이는 마주 보며 고개를 끄덕
였어요.

"그러면 이제 무엇을 찾아봐야 할까?"

"음, 아무래도 인권의 역사를 알아보는 게 좋겠어. 무언가에
대해 제대로 알려면 그것의 뿌리를 알아야 하거든. 자, 그럼
모두 이 도깨비방망이를 들여다봐. 셋, 둘, 하나, 디르가!"

주문을 외우자 호빵이도 곰곰이도 방깨비도 순식간
에 사라졌어요. 모두들 어디로 간 걸까요?

인권의 개념과 특징

인권이란?

- 사람이라면 누구나 누릴 수 있는 권리
- 한자로는 人(사람 인) 權(권리 권)
- 영어로는 Human Rights

인권의 특징

① 태어나는 순간부터 주어짐
② 사람이라면 누구나 가질 수 있음
③ 영원히 변하지 않음
④ 빼앗길 수도 빼앗을 수도 없음

인권을 지키기 위해 버려야 할 것

- **차별** : 차이를 두어서 구별함
- **편견** : 공정하지 못하고 한쪽으로 치우친 생각
- 세상에는 차별과 편견으로 힘들어 하는 사람이 많이 있음
- 우리는 모두 소중하기 때문에 차별과 편견의 태도를 버리고, 모든 사람은 평등하게 태어났다는 사실을 꼭 기억해야 함

차별과 편견을 없애려면?!

"마리아, 너는 피부색이 우리와 틀리구나!"

"뭐? 틀리다고? 으앙, 너무해!"

마리아는 왜 울음을 터뜨렸을까요?

> **틀리다** : 그르거나 어긋나다. 올바르지 못하고 비뚤어지다.
>
> **다르다** : 서로 같지 않다.

어때요, 이제 알겠지요? 사람들은 흔히 '다르다.'라고 말해야 할 때 '틀리다.'고 잘못 말하는 경우가 많아요. 이렇게 전혀 다른 뜻인데도 말이에요. 더러는 다른 것을 틀리다고 생각하기도 하지요. 그것이야말로 틀린 생각이랍니다. 서로 다르다는 것은 당연하고 자

연스러운 일이에요.

　인권이 마음껏 숨 쉬는 행복한 세상을 만들기 위해서는 차별과 편견을 없애야 해요. 하지만 나도 모르게 몸에 밴 행동과 생각을 고치기란 쉽지 않지요.

　그럴 때는 이 말을 떠올려 보면 좋아요.

역지사지 (易바꿀역 地땅지 思생각사 之갈지)

　역지사지란, 상대방의 입장이 되어 생각해 본다는 뜻이에요. '만일 내가 저 사람이라면…….' 하고 말이에요. 그러면 차별과 편견 대신, 상대방을 조금 더 이해하고 사랑하는 마음을 가질 수 있지요.

　"마리아, 피부색이 나랑 다르구나. 참 예쁘다!"
　"우아, 고마워. 네 피부색도 예뻐."

② 인권이 없던 시대가 있었다고?!

역사 인권의 발달 과정

모두 조심해! 인권이 짓밟히고 있어

"여기가 어디야?"

"아주 먼 옛날, 사람의 마을이야."

호빵이와 곰곰이가 어리둥절하며 주위를 둘러보았어요. 그때 언덕 너머에서 시끌시끌한 소리가 들려왔지요. 호빵이와 곰곰이는 언덕 위로 뛰어올라 아래를 내려다보았어요.

"어서 일어나지 못하겠느냐!"

"한 번만 용서해 주십시오."

호빵이와 곰곰이는 깜짝 놀랐어요. 글쎄, 어떤 덩치 큰 사람이 쓰러져 있는 사람에게 채찍을 휘두르고 있는 게 아니겠어요? 쓰러져 있는 사람은 어찌나 많이 맞았던지 온몸이 상처투성이였지요.

곰곰이는 언덕 아래로 다다다다 뛰어 내려가 채찍을 휘두르는 사람의
앞을 가로막았어요.

"지금 뭐 하시는 거예요?"

곰곰이는 소리를 쳤지요.

"너야말로 이게 뭐 하는 짓이냐! 매운맛을 봐야
정신을 차리겠느냐?"

말이 끝나기가 무섭게 날카로
운 채찍은 구불구불 허공
을 가르며 곰곰이를 향해
오고 있었어요.

"으아악!"

그 순간 갑자기 주위가 조용해졌어요. 슬며시 눈을 떠 보니 어느새 방깨비의 방이었지요.

"휴, 1초만 늦었어도 큰일 날 뻔했어. 시간 여행이 딱 3분 동안이라 다행이었네. 3,000살이 지난 뒤부터 생일 선물로 해마다 시간 여행 능력을 1분씩 받거든. 올해 내가 3,003살이니까 시간 여행 3분!"

"으앙, 곰곰이에게 무슨 일이 생기는 줄 알고 깜짝 놀랐잖아. 엉엉!"

호빵이가 엉엉 울음을 터뜨렸어요.

"호빵아, 울지 마. 그나저나 방금 무슨 일이 벌어진 거야? 잠깐이었지만 정말 무섭고, 억울했어."

곰곰이가 호빵이를 토닥이며 이야기했어요. 방깨비도 그렁그렁한 눈으로 고개를 끄덕이며 대답했지요.

"응, 그랬을 거야. 인권은 사람이 누려야 하는 당연한 권리지만, 아주 오랫동안 수많은 사람들이 인권을 누리지 못했어. 아마 인권이라는 게 있는 줄도 몰랐을 거야."

방깨비는 목이 메는지 "흠, 흠!" 하고 목청을 가다듬은 뒤 말을 이어 갔어요.

"우리가 만났던 노예들만 이런 대우를 받은 게 아니야. 여자이기 때문에 차별받고, 어린아이라서 무시했어. 종교가 다르다는 이유로 목숨을 잃고, 생각이 다르면 감옥에 갇혔지. 세상은 왕이나 귀족처럼 힘을 가진 지배자들 마음대로 돌아갔어."

호빵이와 곰곰이는 가만히 방깨비의 말에 귀를 기울였어요.

33

인권이 없던 시대

지구에 맨 처음 사람이 살기 시작했을 때에는 모두가 친구 같았어요. 함께 물고기를 잡고, 농사를 지으며 사이좋게 서로 나눠 먹었지요. 하지만 시간이 흐르며 조금씩 달라졌어요.

"저쪽 물가에 있는 쟤들 말이야. 우리보다 힘이 없어 보이지 않아? 쟤네를 끌고 가서 농사일을 시키자."

그렇게 힘센 사람들은 약한 사람들을 노예로 삼아 부리기 시작했어요. 지배를 하는 사람과 지배를 받는 사람이 생겨난 것이지요. 하지만 노예들은 의문을 가지기 시작했어요.

"당신들은 항상 놀고먹는데, 왜 나는 이렇게 매일 힘들게 일만 하며 살아야 하죠?"
"음, 음, 그건……. 태어날 때부터 그렇게 정해진 것이다!"

노예들을 꼼짝 못하게 만들 핑계가 필요했던 지배자들은 이렇게 둘러대기 시작했어요. 지배자는 신이 내린 특별한 사람이고, 나머지는 태어날 때부터 천한 사람이라는 것이지요.
그렇게 시간이 흐르고 흘러 어느덧 사람들은 저마다 주어진 신분이 있으며, 그것은 태어날 때부터 정해진 것이라는 믿음을 갖게 되었어요. 지배자들은 점점 더 큰 힘을 갖고 편안하게 살았지만 보통 사람들은 그러기가 어려웠지요.

"여자라고 업신여기고, 종교가 다르다고 함부로 사람을 죽이고! 이럴 수는 없어!"

사람들은 더 이상 참을 수 없었어요. 인권은 그렇게 조금씩 꿈틀꿈틀 움직이고 있었지요. 한 사람 한 사람의 품에 '인권'이라는 선물을 안겨 준 건 왕도, 산타도, 요정도 아니었어요. 그 주인공은 역사 속에서 일어난 '인권을 빛낸 일'들이었답니다.

인권이 없었던 사람들 이야기

여자는 재산을 가질 수 없고 교육을 받기도 어려워!

우리는 '농노*'야. 평생 농사를 짓지만 늘 가난하단다. 주인에게 바쳐야 하는 곡식이 너무 많기 때문이야. 자유롭게 이사를 할 수도 없지.

★ **농노** 중세 시대에 영주에게 속해 지배받던 농민

35

우리는 자유롭게 살고, 행복을 누릴 권리가 있다!
– 미국 독립 혁명(인권의 첫걸음)

인권의 첫걸음은 미국에서 내딛어졌지요. 바로 '미국 독립 혁명'이랍니다.

부글부글, 미국 독립 혁명의 원인

이탈리아의 탐험가 콜럼버스는 1492년 새로운 땅을 발견했어요. 그곳은 오늘날의 미국이 있는 아메리카 대륙이었지요. 그 이후 유럽에 살고 있던 수많은 사람들은 저마다 큰 꿈을 가지고 미국으로 건너갔어요.

한편 유럽의 여러 나라들은 서로 이 땅을 차지하려고 했어요. 마침내 영국이 미국을 식민지로 삼게 되었지요. 영국은 식민지 사람들에게 이래라저래라 달달 볶으며 못살게 굴었어요.

"영국에 돈이 부족하니 너희가 세금을 더 내라."
"앞으로 영국의 물건들을 전보다 더 비싼 값에 팔 테니 잔말 말고 사라."

영국의 터무니없는 요구에 사람들은 화가 났어요. 희망을 찾아간 땅에서까지 이리 치이고 저리 치이며 불행하게 살아야 했으니까요.

으랏차차, 미국 독립 혁명의 과정

영국 사람들은 식민지로부터 많은 세금을 거두었고, 특히 차에 비싼 세금을 매기었어요. 이것에 화가 난 사람들은 영국에서 미국에 팔기 위해 배로 싣고 온 찻잎들을 모두 바다에 빠뜨리는＊ 등 영국의 횡포에 맞서기 위해 노력했어요. 하지만 영국의 태도는 달라지지 않았고, 마침내 사람들은 독립을 해야 한다고 마음먹었답니다. 그렇게 독립 전쟁이 시작되었어요. 전쟁과 더불어 1776년에는 〈독립 선언서〉를 만들어 발표했지요.

전쟁은 치열하게 계속되었어요. 그러던 가운데 1781년 '요크타운'에서 벌어진 전투에서 미국이 큰 승리를 거두었지요. 그렇게 해서 미국은 1783년, 기다리고 기다리던 독립을 거머쥐게 되었답니다.

★ 1773년 12월 16일 밤 벌어진 이 일을 '보스턴 차 사건'이라고 부른다.

모든 사람은 평등하게 태어났다. 우리에게는 목숨을 지키고, 자유롭게 살며, 행복을 누릴 권리가 있다.

짜자잔, 미국 독립 혁명의 의의

독립 혁명에 성공한 미국은 세계에서 맨 처음으로 '왕이 없는 나라'가 되었어요. 그러면 나라는 누가 다스렸냐고요? 국민들이 투표를 해서 뽑은 대표자인 대통령*이 다스렸지요. 이렇게 새로운 정치 제도가 차근히 자리를 잡았어요.

그뿐만이 아니에요. 미국 독립 혁명 때 만들어진 〈독립 선언서〉는 한 사람 한 사람 모두에게 행복할 권리가 있다는 사실을 일깨워 주었어요. 이 〈독립 선언서〉는 훗날의 '프랑스 혁명'에도 큰 영향을 주었답니다.

명예롭도다! 명예혁명
이보다 앞선 1688년 영국에서도 인권을 위한 움직임이 있었어요. 영국 귀족들과 백성들이 마음대로 힘을 휘두르는 왕을 몰아내고, 법에 따라 나라를 다스리는 제도를 만든 것이지요. 그런데 다른 혁명과는 달리, 이 혁명은 피를 흘리는 다툼이 없었어요. 그래서 이 사건은 '명예혁명'이라고 불린답니다.

★ 미국 최초의 대통령은 미국 독립 전쟁을 승리로 이끌었던 조지 워싱턴이 당선되었다.

자유와 평등이 피어나는 소리
– 프랑스 혁명(인권의 발전)

'프랑스 혁명'은 인권의 발전에 큰 역할을 한 사건이에요. 200여 년 전, 프랑스에서 어떤 일이 있었는지 살펴볼까요?

부글부글, 프랑스 혁명의 원인

1789년, 프랑스를 들여다보면 이래저래 한숨이 나온답니다. 이제껏 프랑스의 왕들은 강한 힘을 가지고 나라를 맘대로 다스렸어요. 백성들을 돌보는 데에 소홀했고, 여기저기를 들쑤셔 전쟁을 했지요. 그 때문에 무기 사랴 식량 사랴 돈 쓸 곳은 많은데 나랏돈은 자꾸 부족해져 갔어요. 그러자 왕은 안 그래도 살기 어려운 백성들에게 자꾸 더 많은 세금을 내라고 했답니다.

성직자나 귀족들은 부자였지만, 세금을 한 푼도 내지 않았어요. 게다가 그들은 프랑스 땅의 절반 이상을 갖고 있었지요. 신분이 높다는 이유로 특별한 대우를 받은 거예요. 그러니 가난한 백성들이 점점 살기 힘들어진 건 당연했지요.

이런 어려운 환경 속에서 백성들의 불만은 나날이 높아져 갔어요.

으랏차차, 프랑스 혁명의 과정

백성들은 이제 힘을 모을 때라고 생각했어요. 하나둘 모여 어느덧 크나큰 무리를 이룬 백성들은 왕과 왕비가 사는 베르사유 궁전으로 향했지요.

"우리에게 빵을 달라!"
"배가 너무 고프다!"

하지만 왕실에서는 아무런 대답도 들려오지 않았어요. 그렇다고 이대로 포기할 수는 없었답니다.

1789년 7월, 백성들은 바스티유 감옥에 쳐들어갔어요. 바스티유 감옥은 왕에게 반대하는 정치인들을 가두는 곳이었거든요. 또 이곳에 무기와 탄약이 보관되어 있다는 소문이 있었지요. 백성들은 왕에게 맞설 무기와 탄약을 얻기 위하여 바스티유 감옥으로 쳐들어간 것이에요. 그 뒤 프랑스 이곳저곳에서 크고 작은 혁명이 일어났고, 작은 힘들이 모여 나라를 뒤흔들었답니다. 결국 왕은 처형을 당했고, 새로운 세상이 펼쳐졌어요.

짜자잔, 프랑스 혁명의 의의

    프랑스 혁명 덕분에 사람들을 괴롭히던 불평등한 제도들이 하나둘 사라져 갔어요. 안타깝게도 크고 작은 차별은 여전히 남아 있었지만 말이에요.

    하지만 프랑스 혁명은 여전히 큰 뜻을 가져요. 힘을 모으면 세상을 바꿀 수 있다는 사실을 일깨워 주고, 희망을 선물했기 때문이에요. 프랑스 혁명의 영향으로 세상에는 인권을 향한 물결이 넘실대기 시작했지요.

프랑스 혁명에 깃든 세 가지 정신

- 자유
- 평등
- 박애(모든 사람을 똑같이 사랑하는 것)

프랑스 국기의 파랑은 자유, 하양은 평등, 빨강은 박애를 상징하지.

    프랑스 혁명이 지닌 소중한 가치를 알게 된 사람들은 모두 크게 감동했어요. 프랑스뿐만 아니라 다른 나라 사람들도 힘을 얻었답니다.

우리 모두의 인권을 지키자
– 유엔과 <세계 인권 선언>의 탄생(인권의 정립*)

세 번째 인권을 빛낸 일은…… 음, 그전에 알아볼 것이 있어요. 지구에서 일어났던 가장 무시무시한 전쟁, '제2차 세계 대전'이랍니다. 이 전쟁 때문에 전 세계가 인권을 주목하게 되었거든요.

부글부글, 세계인들이 인권을 주목하게 된 원인

제2차 세계 대전은 1939년 독일이 폴란드에 쳐들어가며 시작됐어요. 그 당시에 독일은 살기가 어려워 다른 나라를 빼앗아 자신들의 배를 불릴 생각으로 전쟁을 일으켰지요.

전쟁은 점점 커져서 전 세계로 퍼져 나갔어요. 독일은 같은 생각을 가진 이탈리아, 일본과 손을 잡고 더 많은 땅을 손에 넣으려 했지요.

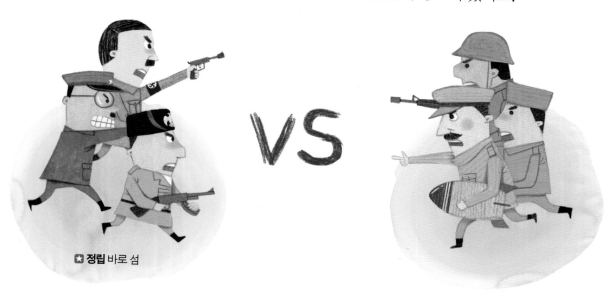

★ 정립 바로 섬

44

가만히 보고만 있을 수 없었던 미국, 영국, 프랑스 같은 나라들은 힘을 모아 그들을 막았어요.

이렇게 제2차 세계 대전이 시작되었지요. 그 바람에 아주아주 많은 사람들이 죽거나 다쳤어요. 군인들뿐만 아니라 여자, 어린아이, 노인 같은 보통 사람들까지도요. 사람들의 평화로운 삶은 산산조각이 났답니다.

특히 독일을 다스리던 '히틀러'는 거리낌 없이 사람들을 마구 죽였어요. 히틀러는 자신의 민족만 소중하고 아름답다고 믿었어요. 특히 유대인*들은 모두 나쁜 병을 가지고 있으며, 세상을 엉망으로 만든다는 말도 안 되는 생각을 했지요. 히틀러는 유대인들을 '게토'라는 지역 안에 가두고, 수용소*에서 죽게 만들었어요. 그렇게 해서 목숨을 잃은 유대인이 600만 명이나 돼요.

제2차 세계 대전으로 많은 사람들이 목숨을 잃고 고통받자, 세계인들은 커다란 충격을 받았어요. 그리하여 다시는 이런 일이 생기지 않아야 한다며, '인권 문제'에 주목하게 되었지요.

슬픈 시대를 살아간 소녀의 기록, 『안네의 일기』
1929년에 태어난 유대인 소녀 안네는 독일 군대를 피해 가족들과 함께 숨어 지냈어요. 그동안 부지런히 일기를 쓰며 무서움을 달래고 희망을 가졌지요. 하지만 결국 안네는 1945년 수용소에서 목숨을 잃었고, 그녀의 기록만 남아 우리에게 전해지고 있답니다. 『안네의 일기』를 읽으면 전쟁의 슬픔이 고스란히 느껴져요.

⭐ **유대인** 유대교를 믿는 민족
⭐ **수용소** 많은 사람들을 집단적으로 한곳에 가두거나 모아 넣는 곳

으랏차차, 유엔 설립의 과정

결국 전 세계의 인권을 지키기 위해 탄생한 것이 있어요. 바로 '유엔(UN, United Nations)'과 〈세계 인권 선언〉이랍니다.

제2차 세계 대전이 끝난 1945년, 전 세계의 많은 사람들이 한자리에 모였어요. 평화로운 세상을 만들기 위해서는 너 나 할 것 없이 한마음이 되어 노력해야 한다는 사실을 깨달았기 때문이지요.

"이번 전쟁으로 무려 6천만 명이 목숨을 잃었습니다. 또다시 이런 끔찍한 일이 일어나서는 안 됩니다."

"어떤 나라가 나쁜 일을 저지르려고 하면 막을 수 있는 힘 있는 기관이 필요해요."

그렇게 51개 나라가 뭉쳐 유엔을 탄생시켰어요. 유엔은 세계의 평화를 비롯해 사람들의 인권과 자유를 지키는 기구랍니다.

짜자잔, 유엔 설립의 의의

유엔의 탄생은 전 세계인이 인권의 소중함을 깨닫고, 평화를 지키기 위해 노력하게 만들었다는 데 의의가 커요. 1946년에는 '유엔 인권 위원회'가 꾸려졌지요. 위원장은 미국의 '엘리너 루스벨트'가 맡았어요. 그녀는 인권을 지키기 위해 꾸준히 일해 온 인권 운동가였지요.

"인권 위원회가 있는 것만으로는 부족합니다. 사람이 누려야 하는 최소한의 권리들을 똑똑히 정해 두어야 합니다."

그렇게 해서 〈세계 인권 선언〉이 만들어졌어요.

세계 인권 선언

온 세상의 모든 사람이 인종, 종교, 성별 등에 상관없이
자유롭고 평화롭게 살 수 있어야 한다.

〈세계 인권 선언〉은 1948년 12월 10일에 열린 유엔 총회에서 만장일치로 채택되었어요.★ 전 세계가 마음을 모아 만들어 낸 인권에 대한 첫 번째 약속이었지요.

★ 1948년 당시 58개로 늘어나 있던 회원국 가운데 찬성이 48표, 반대가 0표, 소련을 비롯한 8개의 나라는 기권, 예멘 등 2개의 나라는 참석하지 않았다.

"우아, 신난다! 〈세계 인권 선언〉이 만들어졌으니 이제 차별 때문에 힘들어하는 사람은 없겠는걸? 만세!"

"안타깝지만 그렇지는 않아. 선언은 법이 아니거든. 그래서 〈세계 인권 선언〉을 지키지 않는 나라들이 생겨났어. 하지만 〈세계 인권 선언〉을 만든 것을 계기로 인권을 보호하기 위한 법이 꾸준히 만들어졌단다. 그런 건 '조약'이라고 부르는데, 반드시 지켜야만 해."

방깨비의 이야기를 들은 호빵이와 곰곰이는 왠지 마음이 든든해졌답니다.

"참, 여기서 퀴즈 하나! 너희 세계 인권의 날이 언제인 줄 알아?"

방깨비의 말에 호빵이와 곰곰이가 머리를 긁적였지요.

"으음, 글쎄? 8월 3일?"

"웬 8월 3일?"

"그냥……. 사실은 내 생일이라서 말해 봤어. 헤헤."

쑥스러워하는 호빵이를 보며 방깨비가 혀를 찼어요.

"쯧쯧. 잘 생각해 봐. 1948년 12월 10일에 〈세계 인권 선언〉이 발표됐다고 했잖아. 그래서 이날부터 12월 10일은 세계 인권의 날로 정해졌지."

"아하! 12월 10일, 꼭 기억해야겠다. 그나저나 사람들이 인권을 얻기까지 참 많은 일들이 있었구나!"

"이렇게 오랫동안 애쓴 이야기를 들으니 마음이 자꾸만 간질간질하고 뭉클해."

흐뭇한 얼굴로 호빵이와 곰곰이의 이야기를 듣던 방깨비는 주섬주섬 뭔가를 챙기기 시작했어요.

"어디 가려고? 너는 방에 있는 걸 좋아하잖아!"

"응, 그런데 나도 오랜만에…… 그러니까 717년 만에 궁금한 게 생겨서 말이야. 세지롱 도서관에 가 봐야겠어. 어서 나가자."

집을 나섰더니 어느덧 날이 저물어 있었어요. 방깨비는 도깨비방망이를 톡톡 두드려 불을 밝혔지요.

도란도란 이야기를 나누며 숲길을 걸어가니 모두들 기분이 좋았어요. 구불구불 냇가를 지나고, 야트막한 언덕을 넘고, 목소리가 왕왕 울리는 동굴을 지나…… 드디어 세지롱 도서관에 도착했어요.

인권의 발달 과정

인권의 첫걸음 미국 독립 혁명

- **원인** : 미국 식민지에 대한 영국의 무리한 간섭과 요구
- **과정** : 보스턴 차 사건, 독립 전쟁이 일어남

   〈독립 선언서〉를 작성함
- **결과** : 요크타운 전투에서 승리를 거둔 미국이 독립함

   왕이 없는 나라가 탄생함(국민들이 투표를 해서 뽑힌 대통령이 나라를 다스림)
- **의의** : 〈독립 선언서〉는 한 사람 한 사람 모두에게 행복할 권리가 있다는 사실을 일깨워 줌

   프랑스 혁명에 영향을 줌

인권의 발전 **프랑스 혁명**

- **원인** : 백성들에게만 너무 많은 세금을 내게 한 불평등한 제도
- **과정** : 바스티유 감옥 습격을 시작으로 프랑스 곳곳에서
  혁명이 일어남
- **결과** : 왕의 처형. 불평등한 제도가 사라지기 시작함
- **의의** : 자유, 평등, 박애의 가치를 널리 알림

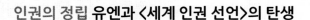

인권의 정립 **유엔과 〈세계 인권 선언〉의 탄생**

- **원인** : 제2차 세계 대전의 비극을 반복하지 않기 위해 여러 나라가
  마음을 모음
- **과정** : 전 세계의 51개 나라가 뭉쳐, 세계 평화를 비롯해 사람들의
  인권과 자유를 지키는 기구인 유엔을 만듦
- **의의** : 인권을 지키기 위한 법들이 만들어지는 출발점이 됨

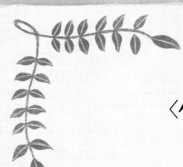

〈세계 인권 선언〉 들여다보기

누가 만들었을까?

전 세계에서 모인 8명의 대표들이 만들었어요. 중국의 외교관 장 평춘, 프랑스의 법학자 르네 카생, 레바논의 철학자 찰스 말리크 등 이었지요.

어떻게 만들었을까?

〈세계 인권 선언〉에는 모든 나라 사람들이 공감할 수 있는 내용을 담아야 했기에 만들기가 무척 어려웠어요. 수많은 사람들의 인권에 대한 생각을 모은 다음 지우고 다시 쓰고, 지우고

투표를 무려 1,400번이나 했대!

다시 쓰기를 되풀이하며 글을 써 나갔지요. 그래도 고민스러운 부분이 생기면 투표를 해서 내용을 정하며 문서를 완성했답니다.

무슨 내용이 들어 있을까?

〈세계 인권 선언〉은 전문*과 본문 30개 조항으로 이루어져 있어요. 전문은 '인류 가족 모두가 서로를 소중히 여길 때 정의롭고 평화로운 세상이 만들어질 것이다.'라는 내용으로 시작하지요. 본문에는 다양한 내용의 인권 조항들이 담겨 있어요. 그 가운데 몇 가지를 소개할게요.

* 모든 사람은 생명을 가질 권리, 자유를 누릴 권리, 자신의 안전을 지킬 권리가 있다.(제3조)
* 어느 누구도 노예로 살아가서는 안 된다. 모든 형태의 노예 제도와 노예 매매는 금지되어야 한다.(제4조)
* 모든 사람은 법 앞에서 다른 사람과 똑같이 한 인간으로 인정받을 권리가 있다.(제6조)
* 모든 사람은 의사와 표현의 자유를 요구할 권리가 있다.(제19조)

⭐ **전문** 한 편의 글에서 앞부분에 해당하는 글

③ 인권을 지켜 낸 사람들

인물 야누슈 코르착, 마더 테레사,
넬슨 만델라, 시린 에바디

마법의 방에 모이다

"방깨비야, 뭘 알고 싶어서 세지롱 도서관에 온 거야?"

"으응, 실은 만나고 싶은 분들이 있어. 따라와 보면 알아."

호빵이와 곰곰이는 방깨비를 따라 총총총 계단을 올랐어요. 계단을 다 오르니 커다란 문 앞에 '신기하지롱 마법의 방'이라고 적혀 있었지요.

문을 여니, 텅 빈 방 안에 책 한 권이 덩그러니 놓여 있었어요.

바닥에 있던 책을 펼쳐 든 방깨비는 알 수 없는 말들을 중얼거리며 사각 사각 무언가를 한참 써 내려갔어요. 그랬더니 깜짝 놀랄 일이 일어났지요. 텅 비어 있던 방이 예쁘게 채워지기 시작한 거예요!

"이게 어떻게 된 일이야?"

"마법의 책에 바라는 내용을 적으면 그대로 이루어지는 방이거든."

"그런데 의자가 왜 이렇게 많아? 네 개나 되네?"

"인권에 대해 알고 싶은 게 많아져서, 인권과 평화를 위해 일한 역사 속 인물들을 초대했어."

그때였어요. 쏭 소리와 함께 비어 있던 의자마다 누군가가 나타났어요.

방깨비는 방끗 웃으며 말했어요.

"와 주셔서 고맙습니다. 저는 도깨비 마을의 방깨비예요. 우리는 인권에 대해서 알아보고 있어요. 여러분이 인권을 위해 어떤 일을 했는지 듣고 싶어요!"

호빵이와 곰곰이도 밝게 인사했어요.

"허허, 안녕. 나는 야누슈 코르착이란다."

"나는 테레사 수녀야. 사람들은 나를 마더 테레사라고 부르지."

"나는 넬슨 만델라야."

"나는 시린 에바디라고 해!"

네 사람과 호빵이, 곰곰이, 방깨비는 반갑게 인사를 나누었어요. 뒤이어 도란도란 이야기 소리가 시간을 수놓았지요.

마법의 방을 가득 채운 이야기를 함께 들어 볼까요?

어린이들의 아버지 **야누슈 코르착**

• 1878년 폴란드에서 태어남
• 〈고아들의 집〉을 꾸리고, 세상 모든 어린이들의
  인권을 지키기 위해 애씀

안타까운 세상을 마주하다

야누슈 코르착은 평화롭고 풍요로운 가정에서 자라났어요. 하지만 코르착이 열한 살 되던 해에 모든 것이 달라지기 시작했지요. 아버지가 정신병에 걸렸기 때문이에요. 아버지가 일을 할 수 없게 되자 집안은 점점 가난해졌어요. 아버지가 돌아가시고 난 다음에는 온 가족이 빈민가로 이사를 가야 했답니다. 그곳에서 코르착은 놀라운 광경을 마주했어요.

'이럴 수가! 이렇게 많은 아이들이 집도 없이 길에서 살고 있다니! 저 아이들에게 세상은 참 무섭고 슬픈 곳이겠구나……'

빈민가 아이들의 삶을 들여다본 코르착은 큰 충격을 받았어요. 이내 코르착은 자신이 앞으로 어떻게 살아가야 할지 알게 되었지요.

"어린이들이 고통 없이 행복하게 살 수 있는 세상을 만들고 싶어.

내가 할 수 있는 일이 분명히 있을 거야!"

코르착은 어떤 직업을 가져야 많은 어린이들을 도울 수 있을까 고민한 끝에 소아과 의사가 되었지요.

코르착은 유대인 어린이 병원에서 일하며 아픈 아이들을 돌보고, 가난한 가정의 어린이들은 공짜로 치료해 주었어요. 하지만 코르착은 더 많은 아이들을 돕고 싶다고 늘 생각했지요. 결국 코르착은 버려진 어린이들을 돌보는 고아원을 짓기로 결심했어요.

마침내 1912년 코르착은 유럽에서 가장 아름답고 시설 좋은 고아원인 〈고아들의 집〉을 열었어요. 버려졌던 200여 명의 어린이들은 그곳에서 따뜻한 보살핌을 받으며 무럭무럭 자랐지요.

코르착 원장님 고맙습니다!

　1939년, 제2차 세계 대전이라는 무서운 전쟁의 그늘이 폴란드에 드리웠어요. 전쟁을 일으킨 독일의 히틀러는 모든 유대인들을 '게토'라는 지역 안에 가두었지요. 코르착과 고아원의 아이들도 유대인이었기 때문에 고아원 역시 게토로 옮겨야 했어요.

　1942년 어느 날, 군인들이 코르착과 아이들을 찾아왔어요. 기차에 실어 강제 수용소로 끌고 간 다음 목숨을 빼앗기 위해서였지요. 코르착은 따뜻한 손길로 아이들 한 명 한 명에게 깨끗하게 세탁된 가장 좋은 옷을 입혀 주었어요.

"자, 우리는 소풍을 가는 거야. 모두 함께 줄을 맞추어 걸어가자 꾸나."

200여 명의 아이들은 씩씩한 발걸음으로 게토에서 기차역까지 걸었어요. 코르착 할아버지와 함께이기 때문에 두렵지 않았지요.

이 모습은 오늘날 '천사들의 행진'이라고 불린답니다. 코르착은 그렇게 아이들과 함께 강제 수용소의 가스실에서 세상을 떠났어요.

야누슈 코르착이 만든 따뜻한 세상

오늘날과는 달리, 어린이는 오랜 세월 동안 제대로 보살핌을 받지 못했어요. 심지어 물건처럼 팔리기도 했고, 그 과정에서 쉽게 목숨을 잃기도 했지요. 하지만 코르착의 생각은 달랐어요.

"어린이에게는 행복할 권리가 있습니다. 어린이는 온전한 사람으로 대접받아야 해요."

유엔은 코르착의 정신을 기리며 그가 태어난 지 100년이 되던 해인, 1979년을 '국제 아동의 해'로 지정했어요. 그리고 10년 뒤에는 코르착의 생각을 바탕으로 한 〈유엔 아동 권리 협약〉*을 채택했지요. 유엔 아동 기금인 '유니세프' 역시 어린이를 사랑했던 코르착의 뜻을 이어받아 활동하고 있는 기관이랍니다.

★ 전문을 비롯한 54개의 조항으로 이루어져 있다. 어린이도 하나의 인격체이며, 자신의 삶을 위해 권리를 누릴 수 있다는 내용이 담겨 있다.

가난하고 병든 사람들의 어머니 마더 테레사

• 1910년 오늘날의 마케도니아에서 태어남
• 〈사랑의 선교회〉를 세우고, 가난한 사람들을 위해 일함

머나먼 나라 인도의 이야기

"인도에는 병과 굶주림으로 죽어 가는 사람들이 많이 있단다. 그곳에 가 있는 선교사★들은 최선을 다해 그들을 보살피고 있지.★"

신부님의 말씀을 귀 기울여 듣는 소녀 아그네스는 신앙심이 무척 깊은 가톨릭 신자였어요. 아그네스는 어려운 이웃을 그냥 지나쳐서는 안 된다고 생각했지요. 열여덟 살이 되던 해, 아그네스는 결심했어요.

"어머니! 저는 인도에 가겠어요. 수녀가 되고 싶어요!"

인도에 간 아그네스는 다르질링에 있는 수녀원에서 지냈어요. 그

★ **선교사** 외국에 보내어져서 기독교를 알리는 사람
★ 인도는 200여 년 동안 영국의 식민지였다. 제2차 세계 대전이 끝나고 1947년 독립을 했지만 나라 사정은 여전히 좋지 않았다. 인도 곳곳에서 전쟁이 끊이지 않았고 거리마다 난민(집을 잃은 사람)들이 넘쳐 났다.

리고 2년의 수련을 마친 뒤 수도명(수도자 이름)을 가진 정식 수녀가 되었답니다.

"저는 이제 아그네스가 아닌 테레사입니다. 하느님께 저를 맡깁니다."

신의 목소리를 들은 테레사 수녀

1946년 어느 날, 테레사 수녀는 다르질링으로 향하는 기차에 몸을 싣고 있었어요. 그런데 갑자기 모든 소리와 풍경이 아득해지더니 또렷한 음성 하나가 들려왔어요.

'가난한 이들 가운데에서도 가장 가난한 이들을 도와라. 보잘것없는 사람 하나에게 해 준 것이 곧 나를 위해 한 일이다.'

마음속 깊은 곳에서부터 들려온 그 소리는 분명 신의 목소리였어요.

'오, 하느님! 그래, 내가 가진 사랑을 실천하겠어!'

테레사 수녀는 그날 이후 고통받는 모든 가난한 사람들을 돌보기 시작했어요. 1950년에는 〈사랑의 선교회〉를 만들었지요. 사랑의 선교회는 배고픈 사람에게 음식을 주고, 학교를 다니지 못하는 아이들을 교육하는 등 형편이 어려운 사람들을 돕는 곳이에요. 사랑의 선교회 총장이 된 테레사는 이때부터 '마더 테레사'로 불리게 되었답니다. *

★ 사랑의 선교회에서는 총장을 마더(Mother)라고 부른다.

마더 테레사가 만든 따뜻한 세상

1979년, 마더 테레사는 노벨 평화상을 받았어요. 이때 받은 많은 상금은 모두 나병 환자들을 위해 썼지요. 그녀의 모습을 보며 사랑의 가치와 봉사의 아름다움을 알게 된 사람들은 너도나도 성금을 모았답니다. 그 덕분에 마더 테레사는 가난하고 아픈 사람들을 위해 더 많은 일을 할 수 있었어요. 1997년 세상을 떠날 때까지 마더 테레사 자신은 낡은 옷 한 벌과 신발 한 켤레를 가졌을 뿐이었지요.

오늘날 사랑의 선교회는 세계 150여 개 나라에 퍼져 있어요. 4,000명이 넘는 수녀가 지금 이 순간에도 열심히 봉사 활동을 하고 있답니다.

이런 일도 있었어요!

종교를 뛰어넘은 사랑

"하느님을 믿는 수녀가 우리 땅에서 뭐하는 거지? 썩 떠나시오!"

인도 사람들은 대부분 '힌두교'라는 종교를 믿어요. 그렇기에 몇몇 힌두교 사람들은 자신들과 종교가 다른 마더 테레사를 곱게 보지 않았지요. 사랑의 선교회에 쳐들어와 몽둥이를 휘두르며 호통을 친 사람도 있었어요. 심지어 죽이겠다고 협박하기도 했지요.

하지만 마더 테레사와 수녀들은 물러서지 않고 아픈 사람들을 정성껏 돌보았어요.

그러던 어느 날이었어요.

"마더, 한 힌두교도가 결핵에 걸려서 피를 토하며 죽어 가고 있대요. 그런데 병이 옮을까 무서워서 가족들도 그를 버린 바람에 거리에 쓰러져 있다지 뭐예요."

마더 테레사는 그길로 그를 데려와 보살피기 시작했어요. 어떠한 미움도 없었어요. 정성껏 간호한 덕분에 그는 건강을 되찾았어요.

"마더! 당신은 외국인 수녀의 모습으로 변신해 나타난 신이 분명해요."

마더 테레사의 진실한 사랑을 경험한 많은 사람들은 그녀를 더욱 존경하게 되었어요. 힌두교도들조차 말이에요.

인종 차별에 맞서 싸운 넬슨 만델라

- 1918년 남아프리카 공화국에서 태어남
- 남아프리카 공화국의 흑인 인종 차별을 없애기 위해 노력함

눈물짓는 남아프리카 공화국

"롤리흘라흘라, 어서 와서 밥 먹으렴!"

'롤리흘라흘라'는 넬슨 만델라의 어릴 적 이름이에요. 남아프리카 공화국의 템 부족 추장이었던 아버지가 지어 준 이름이지요. 만델라는 영국식 이름으로, 학교에서 영국식 교육을 받으며 생긴 이름이에요. 남아프리카 공화국에서 태어난 만델라에게 어째서 영국식 이름이 생긴 거냐고요? 여기엔 슬픈 사연이 있어요.

먼 옛날부터 아프리카에는 자원이 풍부했어요. 수많은 유럽 사람들은 자원을 노리고 아프리카에 쳐들어갔고, 그 땅을 식민지로 삼았지요. 만델라가 살았던 시절 남아프리카 공화국의 땅은 영국의 손에 들어갔어요.

남아프리카 공화국에 살고 있는 수많은 흑인들은 백인들의 지배를 받아야만 했어요. 어딜 가나 흑인은 차별을 받았고, 학교에서도 영국식 교육을 받아야 했지요.

만델라는 배움만이 아프리카에 평화를 가져다줄 것이라고 생각했어요. 그래서 학교에 다니며 열심히 공부했지요.

어른이 된 만델라는 법을 공부하고, 법률 사무소에서 일하며 어려움에 처한 흑인들을 도왔어요. 그러던 어느 날이었어요.

"만델라, 그 이야기 들었어? 이제부터 흑인들은 투표를 못하고, 통행증 없이는 아무 데도 갈 수 없대!"

"이럴 수가!"

만델라는 사람들과 힘을 모아 불평등한 제도를 고치려고 했어요.

1952년, 만델라는 통행증 거부 운동을 벌였어요. 하지만 그 뜻은 받아들여지지 않았지요.

27년간 감옥에 갇히다

그로부터 8년의 시간이 흐른 1960년, 전 세계를 충격에 빠뜨린 사건이 벌어졌어요. 경찰이 인종 차별 정책에 맞서 행진을 하는 수많은 사람들에게 총을 쏜 것이에요! 무려 69명의 사람들이 그 자리에서 목숨을 잃었고, 400여 명의 사람들이 다쳤어요.

"더는 못 참겠군. 우리도 맞서 싸우겠어!"

만델라는 사람들과 힘을 모아 '민족의 창'이라는 무장*단체를 만들었어요. 사람들이 다치지 않게 조심하며 발전소나 전화선 같은 나라의 시설들을 파괴했지요. 위협을 느낀 정부에서는 만델라를 체포해 감옥에 가두었답니다. 1990년 2월 자유의 몸이 되기까지 만델라는 무려 27년이라는 시간을 감옥에서 보냈어요. 그동안 만델라의 의지를 꺾기 위한 정부의 노력은 끊이지 않았어요.

"정부에 대한 투쟁을 포기하면 풀어 주겠소."

하지만 만델라의 대답은 한결같았어요.

"그럴 수는 없소!"

오히려 만델라는 딸을 통해 자신의 생각을 국민들에게 전하게 했어요.

"여러분의 자유와 저의 자유는 따로 떨어질 수 없습니다. 저는 반드시 돌아가 여러분을 위해 싸우겠습니다."

남아프리카 공화국의 국민들은 만델라가 전한 이야기에 큰 용기

★**무장** 전투에 필요한 장비를 갖춤. 또는 그 장비

를 얻었고 희망을 잃지 않고 살아갈 수 있었지요. 그렇기에 그가 감옥에서 나오는 날, 수많은 사람들이 박수와 환호로 그를 반겼어요.

만델라의 오랜 노력은 헛되지 않았어요. 인종 차별이 조금씩 사라지고 불평등한 법들이 고쳐지기 시작했거든요. 이러한 공을 인정받아 1993년 노벨 평화상을 받은 만델라는 이듬해 남아프리카 공화국 최초의 흑인 대통령이 되었답니다.

넬슨 만델라가 만든 따뜻한 세상

만델라는 대통령이 되어서도 자신과 흑인을 괴롭힌 백인들에게 앙갚음하지 않고, 오히려 용서와 화해의 손을 내밀었어요. 또 흑인의 편에만 서지 않고, 흑인과 백인이 함께 어우러지는 사회를 만들고자 힘썼지요.

유엔에서는 넬슨 만델라의 생일인 7월 18일을 '만델라의 날'로 정했어요. 남아프리카 공화국의 인종 차별을 없애고 국민들의 자유를 위해 애쓴 만델라를 기리기 위해서지요.

인권을 위한 만델라의 노력과 용기는 남아프리카 공화국을 넘어 온 세계인의 마음에 길이 간직되고 있답니다.

여성을 위해 변호하다 **시린 에바디**

- 1947년 이란에서 태어남
- 이란 여성들의 인권을 보호하기 위해 힘씀

소녀들을 지켜야 해

　1995년의 어느 날, 이란에 살고 있던 소녀 '레일라'의 아버지는 슬픔을 감출 수 없었어요. 딸이 세 명의 남자들에게 목숨을 잃었기 때문이에요. 하지만 그 남자들은 아무런 벌을 받지 않았어요. 이란 법은 남녀 차별을 담은 조항이 많았기 때문에 남자들은 여자에게 잘못을 저지르고도 벌을 받지 않곤 했지요.

　"또 다른 레일라가 생기는 것을 막아야 해!"

　이렇게 굳은 결심을 한 사람은 바로 변호사 시린 에바디였어요.

위험이 도사리는 길

에바디는 부족함 없는 어린 시절을 보냈어요. 여성도 교육을 받아야 한다고 생각한 아버지 덕분에 열심히 공부하여 판사가 될 수 있었지요. 에바디가 비로소 이란의 현실에 눈을 뜬 것은 여성이라는 이유로 판사의 자리에서 쫓겨나는 아픔을 겪으면서부터랍니다. 1979년 이슬람 성직자들이 여성이 판사가 되는 것을 강력히 반대하였거든요.

어이없이 판사 자리에서 쫓겨난 에바디는 여성을 차별하는 잘못된 법과 문화를 고치려 노력했지요. 그 과정에서 에바디는 여러 번 감옥에 갇히고, 목숨을 위협받기도 했지요. 하지만 에바디는 포기하지 않았어요. 불평등한 법을 고치고, 피해를 당한 여성들을 돕는 것뿐만 아니라 전 세계에 이란 여성의 상황을 알리기 위해 노력했답니다. 이를 인정받아 2003년, 이슬람 여성 최초로 노벨 평화상을 받았지요.

이란 여성들이 차별받는 이유는?

이란 사람들은 알라신을 섬기는 '이슬람'이라는 종교를 가지고 있어요. 이란을 비롯한 다른 이슬람 국가들도 남녀 차별이 심하여 이슬람교가 여성을 억누른다고 비춰지기도 해요. 하지만 실제 이슬람의 경전인 『코란』에는 남자와 여자는 평등한 존재라고 기록되어 있지요. 이란 여성들이 차별받는 이유는 종교보다는 이슬람 국가에 널리 퍼져 있는 남성이 우월하다는 문화와 잘못된 법 때문이랍니다.

시린 에바디가 만든 따뜻한 세상

에바디는 여성에게 불리한 법을 고치기 위해 최선을 다했고, 덕분에 이란은 조금씩 달라지고 있어요. 예를 들어 예전의 이란에서는 이혼을 하면 딸은 두 살까지만, 아들은 일곱 살까지만 엄마가 키울 수 있었어요. 하지만 지금은 딸과 아들 모두 일곱 살까지 엄마가 키운 다음, 법원에서 아이들의 의견을 반영해 누가 아이를 키울지 판단하지요. 정말 놀라운 변화죠?

여성들의 인권은 어떻게 변해 왔을까?

2 하지만 미국 독립 혁명, 프랑스 혁명을 거치며 여성들은 달라졌다. 혁명에 참여하며 여성도 인권을 누릴 자격이 있단 걸 깨달았기 때문이다.

1 먼 옛날 여성들은 투표할 수 없고, 재산을 가질 수 없었다. 또 교육받지 못하고 결혼 뒤 남편의 소유물로 살아야 했다.

여성들이 존중받지 못한건 이슬람만의 이야기가 아니야. 역사 속에서 아주 오랫동안 여성들은 권리를 누리지 못했어.

1865년에 미국에서 노예 제도가 없어졌는데, 여성이 투표권을 처음 가지게 된 건 1893년이래.

4 그 결과 1800년대 후반에 들어서면서 여성들의 권리가 눈에 띄게 발전하였다. 마침내 1893년 뉴질랜드에서 세계 최초로 여성에게 투표권을 주었다.

투표함

3 시간이 흐른 뒤 여성들은 교육받기 시작했다. 여성들도 투표하고 나랏일에 참여해야 한다고 목소리를 높였다.

짝짝짝짝짝짝짝짝!

"정말 멋져요! 훌륭해요! 훌쩍."

우렁찬 박수 소리가 신기하지룡 마법의 방에 울려 퍼졌어요. 호빵이는 박수 치다가 눈물 닦고, 박수 치다가 콧물 닦느라 정신이 없었어요.

방깨비는 도깨비방망이를 톡톡 두드려 카메라로 만든 다음 찰카닥찰카닥 사진을 찍기 시작했어요.

"기념사진을 남겨야지요! 1,000년 동안 아니 10,000년 동안 간직할 거예요!"

"그런데 어떻게 용기를 내셨어요? 목숨을 잃을 뻔하고, 감옥에 갇히고……. 너무 무섭잖아요!"

조곤조곤 묻는 호빵이의 말에 넬슨 만델라는 웃으며 이야기했어요.

"인권은 그만큼 소중하니까! 무서워도 참고 용기를 낼 만한 가치가 있단다."

야누슈 코르착도 뒤이어 말했어요.

"보물을 찾기 위해 모험을 떠나는 주인공의 이야기를 들어 본 적 있지? 인권은 그런 보물 같은 거란다."

이야기를 들은 시린 에바디도 고개를 끄덕이며 미소를 지었어요. 그때 곰곰이가 갑자기 손을 번쩍 들며 소리쳤어요.

"평화로운 세상을 만들기 위해서 저도 무언가 하고 싶어요. 무엇을 하면 좋을까요?"

곰곰이의 말을 들은 마더 테레사는 온화하게 말했어요.

"네 친구 호빵이와 방깨비를 사랑해 주렴. 주위를 돌보고 사랑하는 것, 그게 평화의 시작이란다."

곰곰이는 마음이 햇살처럼 밝아졌어요.

"모두 모두 정말 사랑해요! 우리 같이 꼬옥 안아요!"

네 사람과 호랑이와 곰과 도깨비는 서로를 안아 주었어요.

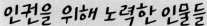

인권을 위해 노력한 인물들

야누슈 코르착(1878~1942년)

폴란드에서 태어나 어린이 인권을 위해 일함

- 의사로 활동하다가 유대인 어린이들을 위한 고아원인 〈고아들의 집〉 원장이 되어, 버려진 아이들을 돌봄
- 어린이를 하나의 인격체로 존중하며 어린이 인권의 소중함을 널리 알림
- 코르착의 정신을 이어받아 국제 아동의 해가 지정되고 〈유엔 아동 권리 협약〉이 채택됨

마더 테레사(1910~1997년)

오늘날의 마케도니아에서 태어나 가난한 사람들을 위해 일함

- 열여덟 살에 인도에 가 수녀가 됨
- 〈사랑의 선교회〉를 세우고 어려움에 처한 사람들을 보살핌
- 1979년 노벨 평화상을 받음
- 사랑의 가치와 봉사의 아름다움을 전 세계에 널리 알림

넬슨 만델라(1918~2013년)

남아프리카 공화국에서 태어나 인종 차별을 없애기 위해 일함

- 남아프리카 공화국을 지배한 백인들의 흑인 차별에 반대함
- 법을 공부하여 억울함에 처한 흑인들을 돕고, 무장 단체 '민족의 창'을 만듦
- 1993년 노벨 평화상을 받고, 1994년 남아프리카 공화국 최초의 흑인 대통령이 됨

시린 에바디(1947년~현재)

이란에서 태어나 여성 인권을 위해 일함

- 여성이라는 이유로 판사 자리에서 쫓겨난 뒤 차별받는 이란 여성을 돕기 위해 나섬
- 이란의 불평등한 법을 고쳐 여성을 비롯한 어린이들이 살기 좋은 세상을 만들기 위해 노력함
- 2003년 이슬람 여성 최초로 노벨 평화상을 받음

세계 어린이상 들여다보기

'어린이를 위한 노벨상'이 있다는 것, 알고 있나요? 바로 '세계 어린이상' 이야기예요. 어린이들의 인권을 보호하고 어린이들에게 행복한 삶을 선물하기 위해 애쓰는 사람들에게 주는 상이랍니다.

어린이가 직접 뽑아요

세계 어린이상은 후보부터 수상자까지 어린이들이 직접 뽑는 상이에요. 스웨덴 적십자를 비롯한 여덟 개의 단체가 모여 만들었고 지난 2000년부터 시작되었지요.

전 세계의 어린이들이 세계 어린이상 홈페이지(http://worldschildrensprize.org)에서 직접 투표에 참여할 수 있지요.

이렇듯 어린이들이 힘을 모아, 어린이들의 인권을 위해 일한 사람에게 주는 상이기에 '어린이를 위한 노벨상'이라는 별명을 가지고 있는 것이에요. 그래서 수상자 중에는 어린이들도 많답니다.

세계 어린이상, 누가 누가 받았을까?

세계 어린이상을 받은 인물 가운데 몇 명을 만나 보아요.

어린이 노동은 사라져야 합니다   이크발 마시흐(파키스탄)

파키스탄의 어린이 인권 운동가예요. 카펫 공장으로 끌려가 강제로 일하는 파키스탄의 어린이들을 구하기 위해 애썼어요. 그의 노력으로 어린이 1만여 명이 강제 노동에서 풀려났지요.

은코시 존슨(남아공)   **에이즈 환자를 무서워하지 마세요**

많은 사람들이 에이즈 환자를 꺼려 해요. 은코시 존슨은 사람들의 그런 마음을 바꾸기 위해 노력했지요. 그는 열한 살 때 에이즈 환자에 대한 편견을 깨뜨리자는 연설을 해 전 세계 사람들의 마음을 울렸답니다.

어린이 스스로 권리를 지켜요   크레이그 킬버거(캐나다)

1995년, 열두 살 소년이었던 크레이그 킬버거는 신문에서 이크발 마시흐에 대한 기사를 읽고 충격을 받았어요. 그 일로 그는 어린이 인권 운동가가 되어, 〈어린이에게 자유를〉이라는 어린이 단체를 만들고 기금을 모으는 등 어린이 노동 피해자들을 돕고 있지요.

④ 세상 속 구석구석, 다양한 인권

사회 인권의 종류

머지않아 사람이 될 거야

"우리의 인권 탐구가 막바지에 온 것 같아. 이제 세상 속 다양한 종류의 인권을 더 알아본다면 인권 박사님이 되겠는걸?"

방깨비의 말에 곰곰이가 깜짝 놀라며 말했어요.

"인권에도 종류가 있어? 나 종류가 여러 개면 잘 못 외우는데…….'"

"빵집에 가면 샌드위치도 있고, 식빵도 있는 것처럼 말이지?"

"하하! 호빵이 말이 맞아. 어려울 것 없어. 방금 우리가 만났던 네 분도 저마다 누구를 위해 일했는가가 조금씩 다르잖아."

곰곰이가 잠시 곰곰이 생각하더니 말했어요.

"어린이, 가난한 사람, 흑인, 여성! 맞지? 이거 말고도 또 있어?"

방깨비는 호빵이가 건넨 붕어빵을 베어 물고는 말을 이어 갔어요.

"당연하지. 시간이 지나고, 사회가 변화하면서 우리가 지켜야 할 인권의 종류도 다양해졌어. 정보 통신이 발달하면서 정보를 보호받을 권리가 생겨나고, 교육이 의무화*되면서 교육을 받을 권리 등도 생겨났단다."

"엥? 그런 권리들도 있단 말이야? 좀 더 자세히 말해 줘!"

★**의무화** 반드시 하여야 하는 것으로 만듦

"어…… 그런데 아이코, 내가 급하게 집에 들어가 봐야 할 일이 있지 뭐야? 내일 보자. 호빵아, 곰곰아. 오늘 정말 즐거웠어!"

방깨비는 도깨비방망이로 머리를 툭툭 두드리더니 이내 뿅 하고 사라졌어요. 방깨비가 사라진 자리에는 자그마한 종이 한 장이 떨어져 있었지요.

'이번에는 너희들의 힘으로 여러 가지 인권의 종류를 알아보렴. 여러 인권들을 구석구석 살펴보고 나면 드디어 사람으로 변하게 될 거야. 그때 우리 집으로 와. 사람의 마을로 소풍 갈 준비를 해 놓고 기다리고 있을게.'

"좋았어! 그럼 우리도 내일 만나자."

호빵이와 곰곰이는 집으로 돌아가 쌔근쌔근 단잠을 잤어요. 그러고는 다음 날 아침 일찍 떠오르는 해와 함께 세지롱 도서관으로 향했지요.

83

사이버 공간에도 인권이 존재해!
- 정보화 사회에서 인권

　컴퓨터, 휴대 전화 등 통신이 발달하면서 정보를 만들어 내고, 전하고, 쓰는 일이 중요해지고 있어요. 이러한 사회를 '정보화 사회'라고 하지요. '정보가 중심이 되는 사회'라는 뜻이에요. 정보화 사회에서는 정보를 보호받을 권리, 개인의 명예가 존중받을 권리 등이 중요해요.

정보는 누군가의 소중한 재산

　"으악, 도둑이야! 도둑이야!"

　"도둑 잡아라! 도둑 잡…… 오잉? 뭘 도둑맞았는데?"

　"내 생각! 생각을 도둑맞았어!"

　남의 물건을 훔치는 일이 나쁘다는 것은 모두들 알고 있을 거예요. 그렇다면 생각을 훔치는 일은 어떨까요?

　차곡차곡 정리된 지식이나 창작한 노래, 글, 영화 등은 그것을 만든 사람의 소중한 재산이에요. 돈이나 물건처럼 말이죠. 정보화 사회에서는 아주 쉽게 다양한 정보들을 얻을 수 있다 보니 누구의 것인지도 모른 채 너도나도 자신의 것인 양 마구 쓰곤 해요. 만든 사람의 권리는 까맣게 잊고 말이에요.

개인 정보를 지켜요!

정보들이 워낙 쉽고 빠르게 이곳저곳으로 퍼지기 때문에 생기는 문제도 있어요.

사진이나 이름, 전화번호, 주소 같은 개인 정보가 훤히 드러나는 것이지요. 이로 인해 사생활*이 간섭받게 된다면 인권이 지켜질 수 없답니다.

또 해킹*으로 인하여 주민 등록 번호와 같은 중요한 정보가 새어 나가는 경우도 있어요. 카드 회사의 인터넷 사이트가 해킹을 당하여 고객들의 개인 정보가 유출된 적도 있지요. 이런 경우엔 개인 정보가 나쁜 용도로 쓰일 수 있기 때문에 매우 큰 문제가 되어요.

★ **사생활** 개인의 사사로운 일상생활
★ **해킹** 다른 사람의 컴퓨터 시스템에 침입하여 데이터와 프로그램을 없애거나 망치는 일

사이버 공간에서도 서로서로 존중해요

"휴, 숙제를 하다가 좋은 정보를 알게 되어 블로그에 올렸거든. 다른 친구들도 보면 도움이 될 것 같아서 말이야. 그런데 누군가가 '아는 척 좀 그만해. 짜증 나!'라고 댓글을 달아 놓았지 뭐야. 난 정말 좋은 마음으로 그런 건데……."

"난 얼마 전에 친구의 거짓말로 선생님께 혼날 뻔한 적이 있어. 세상에, 그 친구가 학교 홈페이지에 내가 하지도 않은 장난들을 했다고 글을 쓴 거야! 재미로 그랬다지만 정말 억울했어."

정보화 사회를 살아가다 보면 이런 일들로 마음이 상할 때가 있어요. 얼굴이 보이지 않는다는 이유로 아무 말이나 내뱉고 나를 곤경에 빠뜨릴 때 말이에요. 이렇듯 상대방을 속상하게 하는 나쁜 댓글을 달거나 없는 이야기를 지어내 명예를 훼손시키는 일들은 모두 인권을 다치게 하는 일이랍니다.

그런데 우리에게는 표현하고 싶은 것을 표현할 자유가 있지 않느냐고요? 왜 의견을 자유롭게 말하지 못하느냐고요?

네, 물론 사람에게는 표현의 자유가 있어요. 하지만 자유란, 다른 사람에게 피해를 주지 않고 누릴 때에 비로소 아름답게 빛나는 것이랍니다.

모두 같은 사람이에요! – 다문화 사회에서 인권

공부를 하기 위해, 돈을 벌기 위해, 가정을 꾸리기 위해 우리나라에 사는 외국인들이 점점 늘어나고 있어요. 우리나라가 점점 다문화 사회가 되어 가고 있는 것이지요. 다문화 사회에서도 인권 문제가 중요시되고 있어요. 한 나라나 사회 안에서는 국적과 인종이 다르더라도 똑같이 존중받을 권리가 있지요.

차별은 그만!

다른 나라에서 왔다는 이유로, 피부색이 다르다는 이유로 상대방을 무시하는 경우가 있어요.

특히 외국인 노동자들에게 정당한 대가를 주지 않아 사회적인 문제가 되기도 해요. 외국인 노동자 중엔 한국말이 서툴거나, 허가를 받지 않고 우리나라에 머무르는 경우가 있거든요. 이러한 약점을 이용하여 함부로 대하는 거지요.

이렇듯 상대방에게 힘이 없다는 것을 알고 함부로 대하는 사람들 때문에 몸과 마음에 상처를 입는 사람들이 많답니다.

다른 사람을 업신여기고 차별하는 행동은 결국 나 자신을 소중히 하지 않는 것과 같아요. 입장이 바뀌었을 때 나 역시 그런 대우를 받아도 된다고 인정하는 셈이니까요.

다문화 사회란?

다문화 사회는 한 국가나 한 사회 속에 다른 인종·민족 등 여러 집단이 지닌 문화가 함께 존재하는 사회를 말해요. 다문화 가정은 서로 다른 국적, 인종, 문화를 가진 남녀가 이룬 가정을 말하지요.

우리나라에는 2000년대 이후부터 유학생, 근로자 등의 외국인 거주자들이 빠른 속도로 늘어났어요. 그러면서 우리나라 사람들과 결혼하는 외국인이 많아졌고, 다문화 가정도 늘어났답니다.

지난달 월급을 못 받았습니다. 언제쯤 주실 건가요?

돈을 제때 못 받는 게 불만이면 그만두면 될 것 아닌가!

불편할 뿐 불가능은 없어 – 장애인 인권

장애인들도 비장애인들과 마찬가지로 누려야 하는 권리가 있어요. 직업을 가질 때, 각종 시설을 이용할 때, 이곳저곳으로 이동할 때 등 크고 작은 일에 장애인이라는 이유로 부당한 대우를 받거나 불편을 겪어서는 안 되지요.

불가능은 없다! 그러나……

미국의 사회 사업가인 헬렌 켈러는 이런 말을 남겼어요.

"장애는 불편할 뿐이지 불가능이 아닙니다."

그녀는 앞을 볼 수 없었고, 소리를 들을 수 없었고, 말을 할 수 없었지만 자신의 삶을 멋지게 살았어요. 이 세상의 수많은 장애인들은 헬렌 켈러처럼 보람차게 살아가고 있지요. 정작 문제는 장애인을 대하는 다른 사람들의 태도예요.

뚜렷한 이유 없이 그저 장애인이라는 이유로 같이 일하거나 공부하는 것을 꺼리는 사람들이 있어요. 그뿐만이 아니에요. 건물이나 공공시설에도 장애인을 위한 시설을 마련하지 않아서 몸이 불편한 장애인들이 애를 먹곤 하지요. 버스나 지하철 등 대중교통도 마찬가지고요. 장애인들의 '불가능'은 스스로가 아닌 사회가 만들고 있는 셈이에요.

장애인이 살기 좋은 세상

오늘날 전 세계에는 무려 6억 5천만여 명의 장애인이 있다고 해요. 만일 이렇게 많은 사람이 장애가 있다는 이유만으로 자유로운 삶을 살 수 없다면 어떻게 될까요?

"스스로 한계를 정하지 말아요. 난 매일 새로운 것에 도전합니다."

팔다리가 없이 태어났지만 활기찬 인생을 살고 있는 오스트레일리아의 사회 사업가, 닉 부이치치가 한 말이에요. 장애를 가진 사람에게 한계를 정하는 일은 스스로뿐만 아니라 그 누구도 할 수 없는 일이랍니다.

장애인에게도 똑같이 인권이 있어요. 따가운 시선이나 차별 대신 보통의 사람들처럼 대우를 받으며 행복하게 살아가야 하지요.

다 함께 좋은 나라 만들기 – 참여할 권리

민주주의 국가의 국민으로서 가장 중요한 권리는 국민의 한 사람으로서 정치에 참여할 수 있는 권리예요. 투표에 참여할 권리, 공무원이 되어 나랏일을 할 권리 등이 이에 해당되지요.

참여할 권리가 없다면?

국민이 정치에 참여할 권리가 없으면 어떤 일이 생길까요? 강한 힘을 가진 한 사람이 마음대로 나라를 휘두르게 되겠지요. 그런 것을 '독재'라고 해요. 독재를 하는 사람은 '독재자'라고 부르고요.

독재자들은 자신이 나라의 주인이라고 생각하며 조금만 생각이 달라도 무참히 짓밟아요. 국민들은 자유롭게 말할 자유조차 갖지 못하고 불행하게 살아야 하지요. 그렇기에 국민 모두가 행복한 나라를 만들기 위해서는 참여할 권리가 반드시 지켜져야 해요.

민주주의

　민주주의란, 국민이 주인이 되어 국민을 위한 정치를 하는 것을 뜻해요.

　미국의 16대 대통령이었던 링컨은 민주주의를 이루기 위해 무척 애썼어요. 그는 1863년 어느 연설에서 아주 유명한 말을 남겼지요. 바로 "국민의, 국민에 의한, 국민을 위한 정치를 해야 합니다."였어요.

> • **국민의 정치** : 나라의 주인은 국민이다.
> • **국민에 의한 정치** : 국민이 정치에 참여해 나라를 다스린다.
> • **국민을 위한 정치** : 나랏일은 국민의 행복을 위한 것이어야 한다.

　민주주의가 펼쳐지는 나라에서는 누구나 정치에 참여할 수 있어야 해요.

아는 만큼 보인다! – 교육을 받을 권리

우리 모두는 평등하게 배울 수 있는 권리가 있어요. 성별이나 종교 등에 따라 차별받지 않고 말이에요. 우리나라에서는 초등학교 6년, 중학교 3년 동안 의무 교육을 받을 수 있어요.

소녀가 그토록 꿈꾸는 것

2012년 10월의 어느 날이었어요. 친구들과 즐겁게 학교에 다녀오 던 파키스탄 소녀 말랄라 유사프자이는 괴한들의 총에 머리를 맞고 쓰러졌지요. 이 소녀에게 왜 이런 끔찍한 일이 벌어진 걸까요?

파키스탄에서 여성은 교육을 받기 어려워요. 특히 탈레반이라는 무서운 조직의 사람들은 여성들이 학교에 다녀서는 안 된다며 총과 칼을 들고 위협했어요. 하지만 정말 학교에 다니고 싶었던 유사프 자이는 용기를 가지고 인터넷에 글을 올렸답니다.

"파키스탄에서 여자들은 학교에 갈 수 없어요. 우리는 정말 공부 를 하고 싶습니다! 탈레반이 학교를 망가뜨리는 것을 막아야 해요."

이내 전 세계 사람들이 유사프자이에게 관심을 갖기 시작했어요. 그러자 일이 더 커질 것을 걱정한 탈레반이 유사프자이의 목숨을 빼 앗기 위해 총을 쏘았지요. 다행히 유사프자이는 여러 차례의 수술 끝에 기적적으로 살아났고, 지금은 전 세계 많은 사람들의 사랑과 지지를 받는 인권 운동가로 활동하고 있어요. 무시무시한 위협 속에서도 유사프자이는 반드시 학교에 다니고 싶다고 말했어요. 왜일까요? 그만큼 교육을 받을 권리가 중요하기 때문이에요.

하나의 책이 세상을 바꾼다!

교육을 받지 못하면 어떤 일들이 생길까요?

우선 글을 알지 못하니 책을 읽을 수 없고, 친구에게 편지를 쓸 수도 없을 거예요. 간단한 셈을 하지 못해 물건을 사고팔기도 힘들고요. 나중에 원하는 직업을 가질 수도 없겠죠. 내가 누릴 수 있는 권리를 모른다면 부당한 대우를 받는다 한들 그게 잘못된 일인지도 모를 거예요.

어느 날 아침 '으앙, 학교 가기 싫어!' 하는 마음이 든다면 이렇게 생각해 보아요. '나는 지금 교육받을 권리를 누리러 간다!' 하고요. 우리 모두에게는 공부를 하고 세상을 배우며 멋진 꿈을 그릴 권리가 있답니다.

그 밖의 인권

노인의 인권

　노인이 되면 몸이 약해져요. 그렇기에 아픈 곳이 많아지고 일을 하기도 어려워지지요. 이렇게 몸이 아픈 노인들은 사회의 보살핌을 받을 권리가 있어요.

　때로는 몸이 건강해도 나이가 많다는 이유만으로 차별을 받기도 해요. 나이 때문에 일자리를 얻지 못하는 노인이 많지요. 하지만 노인에게도 자신이 바라는 일을 하며 살 권리가 있답니다.

소수자의 인권

　'소수자'란 사회에서의 힘이 약한 사람들을 말해요. 많은 사람들이 동성애자나 에이즈 환자 같은 소수자에게 따가운 시선을 보내죠. 단순히 나와 달라서 이상하다는 이유로, 같이 있는 것만으로도 병이 옮을지 모른다는 잘못된 생각들로 말이에요. 소수자이기 때문에 자신이 가진 재능을 펼칠 기회를 놓쳐서는 안 된답니다.

깨끗한 환경에서 살 권리

나무가 사라져 황폐해진 아프리카 케냐에서 나무 심기 운동을 벌여 3천만 그루의 나무를 심은 여성이 있어요. 바로 왕가리 마타이죠.

나무의 소중함을 몰랐던 케냐의 지도자들은 나무를 베어 외국에 팔아 돈을 벌었어요. 숲은 점점 사라져 갔고, 케냐는 메마른 땅이 되었지요. 마타이는 케냐 사람들의 행복을 위해서는 반드시 나무를 심어야 한다고 생각했어요. 나무는 공기를 맑게 해 주는 등 깨끗한 환경을 만들어 주니까요. 나무들의 어머니인 그녀 덕분에 케냐는 울창한 숲을 되찾아 가고 있답니다. 사람에게는 누구나 깨끗한 환경에서 살 권리가 있어요. 시원한 바람과 맑은 물과 푸른 숲은 자연의 소중한 선물이랍니다.

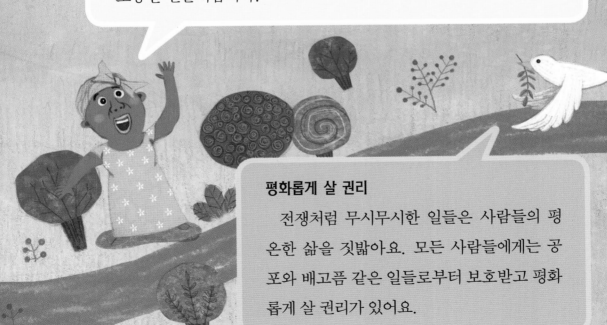

평화롭게 살 권리

전쟁처럼 무시무시한 일들은 사람들의 평온한 삶을 짓밟아요. 모든 사람들에게는 공포와 배고픔 같은 일들로부터 보호받고 평화롭게 살 권리가 있어요.

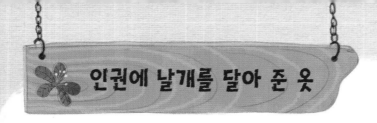

인권에 날개를 달아 준 옷

여러 가지 인권 이야기가 옷에도 숨어 있다고 해요.

프리지아와 상퀼로트

프랑스 혁명에 참여한 사람들은 프리지아를 쓰고
상퀼로트를 입었어요.

프리지아 빨간색 원뿔 모양의 모자예요. 먼 옛날 로
마에서 자유를 찾은 노예들이 썼기 때문에 자유의 상
징이 되었어요.

상퀼로트 '반바지를 입지 않은'이라는 뜻으로, 통
이 넓고 긴 바지예요. 반바지를 입는 귀족들에게 반
대한다는 뜻으로 입었지요.

블루머

1850년경 미국의 아멜리아 젠크스
블루머가 만든 바지예요. 당시 사람들
은 여성은 바지를 입어서는 안 된다고
여겼어요. 하지만 블루머는 여성의 자
유를 위해 바지를 입어야 한다고 생각

했지요. 그래서 바지를 입고, 그 위에 짧은 치마를 입는 패션을 유행
시켰답니다.

그녀가 만든 바지 블루머는 고무줄이 들어 있으며 품이 넓고 헐렁
헐렁해서 움직이거나 일하기가 무척 편해요. 옷을 만든 사람의 이름
을 따서 바지의 이름도 블루머가 되었답니다.

짧은 치마와 여성용 바지

프랑스의 패션 디자이너 가브리엘 샤넬은
바닥에 끌리는 치마 대신 무릎까지 오는
치마를 만들어 여성들의 움직임에 활기
를 더해 주었어요. 몸을 꽉 조이는 속
옷 코르셋 대신 예쁜 여성용 바지도 만
들었지요. 이러한 실용적인 옷은 여성
들의 사회 활동에 큰 도움이 되었답니다.

인권을 짓밟은 유대인 완장

고마운 옷들과는 반대로 인권을 억누르는 데 쓰인
물건도 있었어요. 바로 유대인들이 차야 했던 완장
이에요.

히틀러가 제2차 세계 대전을 일으켰을 때 모든 유대
인들은 유대인이라는 것을 나타내는 완장을 팔에
차야만 했어요. 어디에서든 눈에 띄는 완장을 보고
쉽게 유대인을 구별해서 강제 수용소로 끌고 가기
위해서였지요.

팔에 완장을 찬 유대인

호빵이와 곰곰이는 함께 고개를 끄덕이며 세지롱 도서관을 나섰어요.

"세상에는 정말 다양한 인권이 있구나. 나에게 주어진 권리가 무엇인지 아는 건 정말 중요한 것 같아. 그래야 스스로를 지킬 수 있지."

"맞아. 그리고 항상 다른 사람들의 인권도 존중해야 하고!"

어느새 하늘 높이 떠오른 팬케이크처럼 동그란 해도 호빵이와 곰곰이를 기특하다는 듯 바라보았어요.

"인권에 대해 이~만큼 알았으니 이제 드디어 사람이 되는 거야?"

곰곰이가 활짝 웃으며 호빵이를 쳐다보았지요.

"으앙, 우리가 사람이 된다고 생각하니 갑자기 너무 긴장이 되는데……. 아직 마음의 준비가 안 됐나 봐!"

호빵이는 부랴부랴 가방에서 피자빵을 꺼내더니 뚝딱 먹어 치웠어요. 도넛도 꺼내서 냠냠 먹고, 치즈빵도 찹찹찹 먹었지요. 그러더니 볼록 나온 배를 느긋하게 쓰다듬으며 말했어요.

"아~, 마음의 준비가 다 됐다! 불안한 기분이 싹 사라졌어."

"푸핫, 너도 참! 그럼 이제 사람이 되는 주문을 외워 볼까?"

"좋아. 하나, 둘, 셋! 사람이 되어라, 얍!"

갑자기 어딘가에서 살랑살랑 바람이 불어오는가 싶더니, 세상에! 호빵이와 곰곰이는 어느덧 사람의 모습을 하고 있었어요.

"우아! 사람으로 변신했다! 신난다!"

호빵이와 곰곰이는 찰랑찰랑 머리카락을 어루만져 보았어요. 기다란 손가락도 요리조리 들여다보았지요. 복슬복슬 얼굴을 뒤덮고 있던 털이 모두 사라지고 반들반들해진 서로의 얼굴을 보니 어쩐지 자꾸 웃음이 났어요. 그런데 팔짝팔짝 뛰며 좋아하던 호빵이가 깜짝 놀라며 말했어요.

"곰곰아, 네 귀가 그대론데? 둥글둥글 귀여운 곰의 귀야!"

"앗, 정말 그렇네. 호빵아, 너는 꼬리가 그대로다! 구불구불 길고 멋져!"

"참 이상하네. 왜 이런 거지?"

호빵이와 곰곰이는 알쏭달쏭 머리를 긁적였어요.

"방깨비라면 이유를 알지 않을까?"

"그래, 어서 가서 물어보자."

호빵이와 곰곰이는 고개를 갸웃거리며 방깨비네 집으로 향했어요. 가는 길에도 서로 눈이 마주치면 배를 잡고 푸하하 웃었지요. 과연 방깨비는 답을 알고 있을까요?

다양한 인권의 종류

정보화와 인권

- 정보화 사회(정보가 중심이 되는 사회)에서는 정보를 보호받을 권리, 개인 명예가 존중받을 권리 등이 중요함
- 정보를 만든 사람의 권리를 존중하고 개개인의 소중한 정보를 지키며, 거짓 정보나 악성 댓글 등으로 다른 사람에게 상처 주지 않기 위해 노력해야 함

다문화와 인권

- 다문화 사회(여러 문화의 사람들이 한데 어우러져 사는 사회)가 되면서 민족과 인종이 서로 다른 모든 사람들이 한 나라나 사회 안에서 똑같이 존중받을 권리가 중요시됨
- 태어난 나라, 피부색, 언어 등이 달라도 서로 아끼고 존중해야 함

장애인 인권

- 장애인들이 비장애인들과 마찬가지로 누려야 하는 권리가 있음

- 장애인이라는 이유로 부당한 대우를 받아서는 안 되며, 비장애인
  과 똑같은 사회 구성원으로서 대우받아야 함

참여할 권리

- 민주주의(국민이 주인이 되어 국민을 위한 정치를 하는 것) 국가에
  서는 국민이 정치에 참여할 수 있는 권리가 있음
- 국민 모두가 행복한 나라를 만들기 위해서는 참여할 권리가 반드
  시 지켜져야 함

교육을 받을 권리

- 누구든 성별이나 종교 등에 따라 차별받지 않고 평등하게 배울 수
  있는 권리가 있음
- 교육을 받지 않으면 자신이 누릴 수 있는 권리를 알 수 없고, 꿈을
  이루기 어려우므로 반드시 교육을 받아야 함

그 밖에 여러 가지 권리

- 노인들이 사회의 보살핌을 받을 권리, 소수자 인권
  이 보호받을 권리, 깨끗한 환경에서 살 권리, 평화
  롭게 살 권리 등이 지켜져야 함

어떻게 인권을 보호할 수 있을까?

나무들이 우거진 산속이나 탁 트인 바닷가에 가면 참 상쾌해요. 숨을 쉴 때마다 정신이 깨끗해지는 기분도 들지요. 맑은 공기가 우리 주위를 가득 채우고 있기 때문이에요.

인권도 맑은 공기와 같아요. 우리 곁을 지켜 주며 행복하게 살 수 있게 도와주죠. 하지만 눈에 보이지 않기 때문에 그 고마움을 잊곤 해요. 없으면 살 수 없는데도 말이에요.

맑은 공기를 만들기 위해 쓰레기를 치우고 꽃과 나무를 심듯이, 인권을 보호하기 위해서 우리가 어떤 일을 하면 좋을까요?

어린이들이 내딛을 수 있는 작은 발걸음 　이렇게 해 보자!

정보화와 인권을 위해
- 불법으로 음악 파일을 내려받지 않는다.
- 다른 사람의 사진을 함부로 인터넷에 퍼뜨리지 않는다.

다문화와 인권을 위해

- 피부색이 달라도 이상하게 여기지 않는다.
- 어느 한 민족만 뛰어나다는 생각을 갖지 않는다.

장애인 인권을 위해

- 장애인을 위한 시설(장애인 전용 화장실, 엘리 베이터 등)은 장애인이 쓸 수 있도록 아껴 둔다.
- 도움이 필요한 장애인 친구를 돕는다.

참여할 권리를 위해

- 봉사 활동이나 캠페인 등 어린이들이 할 수 있는 사회 활동을 알아보고 참여한다.

교육받을 권리를 위해

- 즐겁게 학교에 다니며 공부한다.
- 가난 때문에 공부하지 못하는 사람들을 위해 기부한다.

⑤ 인권을 지키는 세계 시민이 되자!

체험 세계 시민 학교

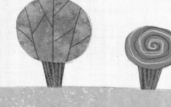

호랑이의 꼬리와 곰의 귀에 숨은 이야기

"방깨비야, 방깨비야! 어서 나와 봐!"

곰곰이의 목소리를 들은 방깨비는 웃으며 마중을 나왔지요.

"우아, 정말 멋지게 변신했네! 얼른 자랑하고 싶어서 불렀구나?"

"히히! 나 멋있어? 아니 아니, 그래서 부른 건 아니고! 이상한 게 있어. 호빵이 꼬리랑 내 귀가 그대로야."

"어, 진짜! 그럼 우리 『사람이 되는 법』을 다시 한 번 들여다볼까? 자, 어디 보자. 여기에 이런 내용이 있네."

그곳에는 '호랑이와 곰 여러분, 사람이 될 때 꼭 기억하세요.'라는 제목의 글이 쓰여 있었어요.

'사람이 되어도 호랑이의 꼬리와 곰의 귀는 변하지 않고 그대로 남아 있습니다! 왜냐고요? 인권 공부에 끝이란 없기 때문이에요. 살아가는 동안 늘 인권의 소중함을 생각하고 인권을 지키기 위한 일들을 실천하는 것 모두가 인권 공부이지요. 그렇기에 공부를 열심히 했다고 해도 완벽한 사람이 될 수는 없는 것이랍니다. 하지만 서운해할 필요 없어요. 원래 세상에 완벽한 사람이란 아무도 없으니까요! 멋진 호랑이의 꼬리와 사랑스러운 곰의 귀는 오히려 자랑이 될 거예요!'

"아하, 그렇구나! 그럼 이제 사람의 마을로 가 볼까? 아 참, 그 전에……."

방깨비는 『사람이 되는 법』을 톡톡 두드려서 세지롱 도서관에 반납했어요.

"오옷! 저기 방깨비 가방에 든 도시락 좀 봐. 진짜 맛있겠다."

"이 맛있는 냄새~. 우리 조금만 먹고 가면 안 돼?"

"하하, 너희 사람이 되었어도 먹성은 그대로구나? 그럼 우리 '세계 시민 학교'만 들렀다가 먹자."

"거기가 어딘데?"

"가 보면 알아. 그곳에 가면 인권의 소중함을 다시금 아로새길 수 있을 거야."

호빵이와 곰곰이는 룰루랄라 기분 좋게 방깨비를 따라나섰어요.

세계 시민 학교에 온 걸 환영해요

세계 시민이란

지구본에서 한국을 찾아볼까요? 그래요, 저기 한국이 보이네요. 한국에서 태어나 한국말을 쓰며 한국 문화 속에서 살아가는 사람을 '한국인'이라고 불러요.

그럼 이번에는 살짝 뒤로 물러나 조금 멀리 떨어져서 지구본을 바라볼까요? 이번에는 무엇이 보이나요? 맞아요. 우리가 살고 있는 지구 전체, '세계'가 보여요. 세계 속에 태어나 세계의 언어와 문화를 배우는 우리 모두는 '세계 시민'이랍니다. 하나하나의 나라를 넘어 지구라는 커다란 마을에 함께 살고 있는 정다운 이웃이에요.

세계 시민 학교에서는

안타깝게도 지구 마을에는 가난, 전쟁, 질병 등으로 고통받는 이웃이 많아요. 학교에 가지 못하고 공장에서 힘들게 일하거나 식량이 부족해 몇 날 며칠을 굶는 사례도 많지요. 더불어 살아가는 세계 시민으로서 그런 이웃을 모른 척하면 안 되겠지요?

다른 나라 친구들의 상황을 어떻게 알고 도와줄 수 있냐고요?

'세계 시민 학교'에서 교육을 받으면 알 수 있지요! 친구들이 알고 싶어 하는 모든 이야기를 요모조모 들려주는 곳이 바로 세계 시민 학교랍니다. 이곳을 통해 지구 마을 사람들의 아픔을 나누고 도와주는 방법을 배울 수 있어요.

세계 시민 학교를 꾸리고 있는 곳은 '월드비전'이에요. 월드비전은 온 세상 어린이들의 인권과 행복을 위해 일하는 단체랍니다. 월드비전에서는 인권을 아끼고 공부하는 모든 사람들이 언제 어디에서든 세계 시민 학교를 만나 볼 수 있도록 애쓰고 있어요.

■ **월드비전 홈페이지** : www.worldvision.or.kr
■ **세계 시민 학교 홈페이지** : wvschool.or.kr
⋯ 세계 시민 학교 홈페이지에서 교육, 체험, 나눔 프로그램을 신청할 수 있어요.

지구 마을 이웃의 아픔 알기

　세계 시민 학교의 목표는 지구 마을을 더 살기 좋은 세상으로 만들기 위해 노력하는 세계 시민을 길러 내는 일이에요. 그러기 위해서 우리는 지구 마을에 사는 다른 사람들의 가난과 아픔을 느끼고 나눌 수 있어야 해요. 세계 시민 교육 내용 중에는 인권과 관련된 문제들이 많이 있어요.

가난　배고픔과 병으로 앓는 사람들

　세상에는 가난 때문에 힘든 사람들이 무척 많아요. 5초마다 1명의 어린이가 영양 결핍으로 세상을 떠나고, 매일 약 10만 명의 사람들이 심각한 굶주림과 병으로 죽어 가고 있지요.

아프리카 말라위는 세계에서 가난하기로 손꼽히는 나라예요. 이 곳 사람들의 평균 수명은 겨우 43세랍니다. 많은 사람들이 50세를 넘기지 못하고 세상을 떠나요. 하지만 그 시간조차도 건강하게 살기가 어렵지요.

이런 슬픈 상황은 가난해서 질병을 치료하지 못하기 때문에 생겨난 것이랍니다. 심각한 가난은 이렇듯 소중한 생명들을 앗아 가고 있어요.

아동 노동   일하는 어린이들

입안에서 사르르 녹는 달콤한 초콜릿을 좋아하나요? 그런데 지구 반대편에는 초콜릿 맛은 보지도 못하고 카카오 농장에서 일하는 어린이들이 있어요.

카카오 열매는 초콜릿을 만드는 재료예요. 대체로 아프리카의 가난한 어린이들이 카카오 열매를 수확하기 위해 위험하고 힘든 일을 하고 있어요.

초콜릿 맛은 보지도 못하고 카카오 농장에서 힘들게 일한다니……

카카오 농장에서만이 아니라 운동화 공장, 담배 농장, 광산 등에서도 세계의 많은 어린이들이 끌려가 일하고 있어요.

일부 사람들은 어린이들에게 노동을 시키는 것이 집안 또는 나라의 가난을 면하기 위한 어쩔 수 없는 선택이라고 말해요. 하지만 아동 노동은 가난을 극복하는 해결책이 될 수 없답니다. 오히려 더 심각한 가난을 불러올 뿐이지요.

배움의 기회를 얻지 못한 어린이들은 지식이나 기술을 익히지 못한 채 어른이 되어요. 그러면 많은 돈을 벌 수 있는 일을 하지 못하죠. 결국 적은 돈을 받으며 살아갈 수밖에 없고 가난은 또 그들의 자녀에게 대물림되어요.

무엇보다도 아동 노동의 가장 큰 문제는 어린이들에게서 희망을 빼앗는다는 것이에요. 배움·기회·꿈·희망은 세상 모든 어린이들이 당연히 가져야 하는, 어린이들의 보물이에요.

물 부족 ▶ 깨끗한 물은 생명

여러분은 물을 마시고 싶은데 없어서 힘들었던 경험이 있나요? 우리나라에서는 주위에서 깨끗한 물을 쉽게 구할 수 있으니, 그런 적이 많지는 않을 거예요. 그런데 지구 마을에서는 많은 사람들이 물 부족으로 생명을 잃고 있어요.

가난한 나라에는 마시는 물을 위한 시설이 제대로 되어 있지 않아, 직접 물을 길러다 먹는 경우가 많아요.

하지만 그렇게 해서 얻은 물도 맑고 깨끗하지 않아 더 안타까워요. 더러운 물을 먹고 병에 걸려 목숨을 잃는 아이들도 많답니다.

유엔 세계 수자원 개발 보고서에 따르면, 전 세계 인구의 3분의 2에 달하는 사람들이 적어도 1년에 한 달은 심각한 물 부족에 시달리고 있다고 해요. 지금 이 순간에도 먹을 물이 부족해서 고통받고 있지요. 이 숫자는 앞으로 더 늘어날 것이라고 해요. 깨끗한 물은 건강한 삶을 위해 반드시 필요하답니다.

가상수, 보이진 않지만 물건을 만드는 데 사용되는 물

가상수는 물 부족을 일으키는 원인 중 하나로, 우리가 마시는 물 외에 제품을 만들 때 사용되는 물이에요. A4 용지 한 장을 만드는 데는 약 10.5리터, 콜라 1리터에는 약 9리터, 햄버거 한 개에는 약 2.4리터의 물이 사용된대요.

나눔 우리가 할 수 있는 일들

가난으로 고통받는 아이들의 인권을 지켜 주기 위해 우리가 할 수 있는 일은 무엇이 있을까요?

1 체험과 배움을 통해 느낀 것을 표현해요. 친구들의 어려움을 널리 알리는 것만으로도 큰 도움이 된답니다. 나의 목소리로 많은 사람들의 마음을 움직이고 세상을 아름답게 만들 수 있으니까요.

관련 활동 **기아 체험** 빈곤, 질병, 전쟁 등 어려움으로 고통받는 지구 마을 이웃의 삶을 간접적으로 느껴 보고 주변에 알릴 수 있는 나눔 봉사예요.

2 희망의 메시지를 적어요. 작은 응원들이 모이면 힘들게 사는 친구들에게 큰 힘이 되어요.

관련 활동 **글로벌 친구 맺기** 지구 마을 친구 한 명과 편지, 사진 등을 통해 우정을 나누고 함께 자라날 수 있어요.

3 사랑의 동전을 모아요. 우리에게는 적다고 느껴지지만 이것으로 누군가는 생명을 구할 수도 있어요.

관련 활동 **사랑의 빵 동전 모으기** 빵 모양 저금통에 작은 동전을 차곡차곡 모아 도움이 필요한 지역에 보내고 생명을 살릴 수 있어요.

용돈을 모아 지구촌 아이들에게 도움을 줄 수 있어요!

저금통에 바지런히 모은 용돈으로, 과자 하나를 사 먹지 않고 아껴 둔 돈으로 위기에 처한 어린이에게 생명을 선물해요. 용돈으로 마련할 수 있는 것들이 이렇게나 많답니다.

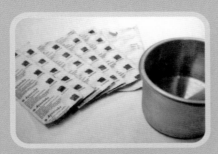

식수 정화★제 1,000알(3,000원 꼴)로 약 1,000가구가 온종일 깨끗한 물을 마실 수 있어요.

결핵 예방 백신 20개(약 6,000원)로 어린이 20명의 결핵을 예방할 수 있어요.

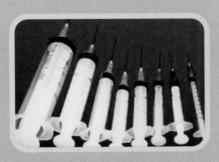

일회용 주사기 100개(약 6,000원)로 어린이 100명이 안전하게 주사를 맞을 수 있어요.

모기장 1개(약 7,000원)로 1분마다 한 명씩 사망하게 만드는 말라리아 모기로부터 어린이와 가족을 보호할 수 있어요.

★ **정화** 더러운 것을 깨끗하게 함

"가난과 질병으로 이렇게 고통받는 아이들이 많았다니. 정말 속이 상해, 훌쩍. 줄 수만 있다면 이 도시락 전부 다 주고 싶다."

"나도 그래. 이제부터라도 우리가 도와줄 수 있는 것부터 실천하자."

그때 호빵이 곁을 지나가던 한 소녀가 깜짝 놀라 말했어요.

"어머, 너 우리랑 참 틀리게 생겼구나? 사람인데 꼬리가 있네?"

호빵이는 찡긋 웃으며 대답했지요.

"틀린 게 아니라 '다르다'고 말하고 싶었던 거 아니니?"

"아, 그렇구나! 미안. 너 참 나랑 다르게 생겼다. 난 꼬리가 없거든. 나도 이렇게 멋진 꼬리 갖고 싶다! 어머, 네 귀도 참 귀엽네!"

소녀는 곰곰이 귀를 보며 방긋 웃었지요.

"사실 우리는 원래 호랑이와 곰인데 잠깐 사람으로 변신한 거야."

"우아, 정말? 나도 호랑이가 되어 보고 싶다!"

눈을 반짝반짝 빛내는 소녀를 보며 호빵이가 물었어요.

"방깨비야, 혹시 방법이 있어?"

"어디 한번 볼까……."

방깨비가 손끝으로 톡톡 두드리자 도깨비방망이는 어느덧 『호랑이가 되는 법』이 되어 있었어요. 커다란 책장을 한 장 한 장 넘기던 방깨비는 들뜬 목소리로 외쳤어요.

"사람이 호랑이가 되려면 호권이 뭔지 알면 된다고 나와 있어!"

"호권?"

"호랑이라면 누구나 누릴 수 있는 권리!"

"응? 호랑이인 나도 모르는 건데?"

호빵이와 곰곰이와 방깨비와 소녀는 다 같이 깔깔깔 웃었어요.

"다음에 우리 마을로 놀러 와서 함께 공부하자. 호랑이와 곰의 마을이
어디에 있냐 하면……."

호빵이와 곰곰이와 방깨비와 소녀는 도란도란 즐겁게 이야기를 나누었
어요.

"얘들아, 고마워. 그럼 다음에는 호랑이와 곰의 마을에서 만나자. 오늘
은 이만 안녕!"

"응, 다음에 또 만나자."

소녀와 인사를 나누고 다 같이 집에 가는 발걸음이 구름 신을 신은 듯이
둥실둥실 가벼웠어요.

세계 시민 학교 체험

세계 시민

세계 속에 태어나 세계의 언어와 역사와
문화를 배우는 지구의 모든 사람들

세계 시민 학교

지구 마을 사람들의 아픔을 나누고 모두 다 같이 행복해지는 방법을
배우는 곳

지구 마을 이웃의 아픔

가난 : 배고픔과 병으로 앓고 죽어 가는 사람들에 대해 알아보기

아동 노동 : 카카오 농장, 운동화 공장, 담배 농장, 광산 등에서 힘들
고 위험하게 일하는 아이들 알아보기

물 부족 : 깨끗한 식수의 중요성 생각하기

가상수 : 보이지는 않지만 물건을 만드는 데 사용되는 물, 가상수에
대해 생각해 보기

우리가 할 수 있는 일들

체험과 배움을 통해 느낀 것을 표현하기

희망의 메시지 적기

사랑의 동전 모으기

용돈을 모아 지구촌 어린이들의 건강 지켜 주기

별별 인권 체험관

"인권을 알면 사람이 보입니다!"

다양한 인권의 모습을 두루두루 만나 볼 수 있는 공간이 있어요. 바로 국가 인권 위원회에서 꾸리는 '별별 인권 체험관'이지요.

대구에 자리한 별별 인권 체험관에서는 우리 모두가 '다르게 함께' 살아가는 방법을 경험하고 배울 수 있답니다. 체험관을 모두 둘러보고 나설 때쯤이면 인권을 사랑하는 마음이 샘솟을 거예요.

별별 인권 체험관은 여러 전시관으로 이루어져 있어요.

느낌터 : 전시관

인권을 주제로 한 작품들을 차근히 감상할 수 있는 인권 전시관이에요.

읽음터 : 도서관

읽음터에는 인권이 무엇인지를 알려 주는 다양한 책들이 가득하지요.

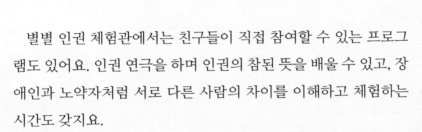

봄터 : 영상실

인권에 관련된 영상물들로 채워진 공간이에요. 색다른 인권 만화와 인권 영화를 볼 수 있어요.

별별 인권 체험관에서는 친구들이 직접 참여할 수 있는 프로그램도 있어요. 인권 연극을 하며 인권의 참된 뜻을 배울 수 있고, 장애인과 노약자처럼 서로 다른 사람의 차이를 이해하고 체험하는 시간도 갖지요.

별별 인권 체험관
- 위치 : 대구광역시 동구 도평로 30(지저동 173-1)
- 홈페이지 : byul-byul.com
- 전화번호 : 053-255-7010

1 특명! 인권을 알아내라!

1 다음은 인권의 뜻이에요. 빈칸에 들어갈 한자의 뜻을 알맞게 채워 보세요.

> **인권이란?**
> 사람이라면 누구나 누릴 수 있는 권리
> 한자로는 人(인) 權(권)
> 영어로는 Human Rights

2 인권의 특징이 아닌 것을 고르세요.

① 어른이 될 때 주어진다.
② 영원히 변하지 않는다.
③ 사람이라면 누구나 가질 수 있다.
④ 빼앗길 수도 빼앗을 수도 없다.

3 우리 모두가 서로 다른 것은 당연한 거예요. 하지만 다른 것을 잘못 이해해서 나타나는 행동과 생각이 있어요. 바로 차별과 편견이지요. 차별과 편견의 뜻을 각각 알맞게 이어 보아요.

① 차별   ㉠ 공정하지 못하고 한쪽으로 치우친 생각

② 편견   ㉡ 차이를 두어서 구별함

4 알맞은 말에 ○ 하세요.

> 인권을 누리는 데에는 특별한 능력이 (필요하다 / 필요하지 않다).
> 피부가 하얗든 까맣든 남자든 여자든 모든 사람은 (소중하다 / 소중하지 않다).

5 다음은 검은 피부를 가진 마리아를 보고 현아가 한 말이에요. 마리아가 상처받지 않도록, 대화를 고쳐 주세요.

"마리아, 너는 피부색이 틀리구나!"
"틀리다고? 으앙, 너무해!"

"마리아, 너는 피부색이 ＿＿＿＿＿＿＿＿＿＿＿＿＿＿"
"우아, 고마워. 네 피부색도 예뻐."

1 다음은 미국 독립 혁명을 설명한 글이에요. 일이 일어난 순서대로 번호를 쓰세요.

> ① 콜럼버스가 미국이 있는 아메리카 대륙을 발견한 뒤, 유럽에 살고 있던 사람들이 아메리카 대륙으로 건너갔다.
> ② 미국 식민지 사람들이 1781년 요크타운에서 벌어진 전투에서 영국을 상대로 승리하였다.
> ③ 영국의 횡포에 맞서 전쟁이 일어났고, 1776년 〈미국 독립 선언서〉가 발표되었다.
> ④ 영국이 미국을 식민지로 삼았다.

(   ) → (   ) → (   ) → (   )

2 프랑스 혁명에 대해 맞는 것은 ○, 틀린 것은 × 하세요.

> ① 1789년, 프랑스 왕은 백성들을 돌보는 데에 소홀했고, 백성들에게 많은 세금을 거두었다. (   )
> ② 프랑스 왕정에 불만을 가진 국민들은 바스티유 감옥을 쳐들어가는 등 이곳저곳에서 혁명을 일으켰다. (   )
> ③ 프랑스 혁명은 실패로 끝났고, 그 뒤 프랑스 사회는 아무런 변화가 없었다. (   )

3 프랑스 국기의 색깔은 프랑스 혁명에 깃든 세 가지 정신을 뜻한다고 해요. 각각 무엇을 뜻하는지 쓰세요.

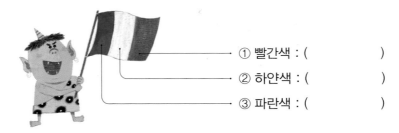

① 빨간색 : (   )
② 하얀색 : (   )
③ 파란색 : (   )

4 빈칸에 들어갈 알맞은 나라를 〈보기〉에서 찾아 쓰세요.

제2차 세계 대전은 1939년 (㉠   )이(가) (㉡   )에 쳐들어가며 시작됐다. 전쟁은 점점 커져서 전 세계로 퍼져 나갔고, 전쟁 때문에 많은 사람들이 죽거나 다쳤다.
특히 (㉠   )을(를) 다스리던 히틀러는 거리낌 없이 사람들을 죽이고, 유대인을 '게토'라는 지역에 가두어 두고, 수용소에서 죽게 만들었다.

> **보기**
>
> 프랑스   독일   이탈리아   폴란드   일본   대한민국

5 다음에서 설명하는 것은 무엇인가요?

- 제2차 세계 대전을 끝낸 1945년, 51개의 나라가 모여 만들었다.
- 세계 평화를 비롯해 사람들의 인권과 자유를 지키는 기구이다.

(   )

1 곰곰이가 말하는 인물이 누구인지 쓰세요.

이 사람은 1878년 폴란드에서 태어났어. 유대인 어린이 병원에서 일하며 아픈 아이들을 돌보았지. 1912년 〈고아들의 집〉을 열었고, 어린이에게는 행복할 권리가 있다며 어린이들의 인권을 위해 노력하였단다.

(   )

2 다음은 마더 테레사에 관한 신문 기사예요. 잘못된 것을 고르세요.

가난하고 병든 사람들의 어머니, 마더 테레사

① 테레사 수녀의 원래 이름은 아그네스다. 그녀는 1910년 인도에서 태어났다. ② 수도원에서 2년간의 수련을 마친 뒤 '테레사'라는 수도명을 가진 수녀가 되었다. ③ 테레사 수녀는 〈사랑의 선교회〉를 만들어 형편이 어려운 사람들을 돌보았다. ④ 사랑의 선교회의 총장이 된 테레사 수녀는 이때부터 '마더 테레사'라고 불리게 되었다. ⑤ 1979년 테레사는 노벨 평화상을 받았고, 상금을 모두 나병 환자들을 위해 썼다.

3 '롤리흘라흘라'는 넬슨 만델라의 어릴 적 이름이 에요. 넬슨 만델라는 영국식 이름으로, 학교에서 영국식 교육을 받으며 생긴 이름이지요. 남아프리카 공화국에서 태어났는데 어째서 영국식 이름을 갖게 된 것일까요? `서술형문항대비` ✅

4 빈칸에 공통으로 들어갈 알맞은 말을 고르세요.

> 시린 에바디는 이란 (   )의 인권을 보호하기 위해 힘썼다. 이란에는
> (   )을(를) 차별하는 법이 있었고, 시린 에바디도 (   )(이)라는
> 이유로 판사의 자리에서 쫓겨나는 아픔을 겪었다.
> 하지만 에바디는 포기하지 않았다. 불평등한 법을 고치고, 전 세계에 이런 상황을 알리기 위해 노력했다.

① 남성   ② 여성   ③ 장애인   ④ 노인   ⑤ 노동자

5 책에 소개된 인권을 지켜 낸 사람들 중에 어떤 사람이 가장 기억에 남나요? 그 이유는 무엇인가요? `서술형문항대비` ✅

┗ 세상 속 구석구석, 다양한 인권

1 다음 상황은 각각 어떤 사회에서의 인권과 관련이 있나요? 알맞게
짝지어 보세요.

① A는 학교 홈페이지에 누군가 자신에 대
   한 거짓 정보와 비난 글을 쓴 것을 보고
   상처를 받았다.

㉠ 다문화 사회

② 외국인 노동자 B는 정당하게 일을 했음
   에도, 최근 몇 개월간 월급을 받지 못하
   였으며 부당한 대우를 받았다.

㉡ 정보화 사회

2 많은 장애인들이 몸이 불편하다는 이유로 차별받거나 불편을 겪고
있어요. 장애인의 인권을 지키기 위해서 우리가 할 수 있는 일에는
무엇이 있을까요? 서술형문항대비 ✔

3 친구들이 모여 참여할 권리에 관해 말하고 있어요. 다음 중 틀리게 말한 사람은 누구인지 찾고, 그 말을 올바르게 고쳐 보세요.

> ① **호빵이** : 민주주의 국가의 국민으로서 중요한 권리 중의 하나가 바로 정치에 참여할 권리야. 투표에 참여할 권리는 이에 해당되지.
> ② **곰곰이** : 만약 국민에게 참여할 권리가 없다면 독재자가 마음대로 나라를 휘두를 수 있어.
> ③ **방깨비** : 민주주의란 대통령이 주인이 되어 국민을 위한 정치를 하는 것을 말해.

4 빈칸에 알맞은 인권의 종류를 고르세요.

> 나무의 소중함을 몰랐던 케냐의 지도자들은 나무를 베어 외국에 팔아 돈을 벌었어요. 나는 케냐 사람들의 행복을 위해서 반드시 나무를 심어야 한다고 생각했어요. 사람에게는 (   )가 있기 때문이지요.

① 교육을 받을 권리
② 평화롭게 살 권리
③ 깨끗한 환경에서 살 권리

1 지구 마을 이웃의 아픔에 대한 설명이에요. 빈칸에 들어갈 말로 적합한 것은 무엇인가요?

> 세상에는 (㉠) 때문에 힘든 사람들이 무척 많아요. 5초마다 1명의 어린이가 영양 결핍으로 세상을 떠나고, 매일 약 10만 명의 사람들이 심각한 굶주림과 병으로 죽어 가고 있지요.
>
> 카카오 농장, 운동화 공장, 담배 농장, 광산 등에서 많은 어린이들이 일하고 있어요. 일부 사람들은 어린이들에게 노동을 시키는 것이 집안 또는 나라의 가난을 면하기 위한 어쩔 수 없는 선택이라고 말해요. 하지만 아동 노동은 가난을 극복하는 해결책이 될 수 없답니다. (㉡)의 기회를 얻지 못한 어린이들은 지식이나 기술을 익히지 못한 채 어른이 되어요. 그러면 많은 돈을 벌 수 있는 일을 하지 못하죠. 결국 적은 돈을 받으며 살아갈 수밖에 없고 가난은 또 그들의 자녀에게 대물림되어요.

① ㉠ 가난 ㉡ 정치 참여
② ㉠ 인종 차별 ㉡ 배움
③ ㉠ 인종 차별 ㉡ 정치 참여
④ ㉠ 가난 ㉡ 배움

2 다음에서 설명하는 것은 무엇인가요?

> 물 부족을 일으키는 원인 중 하나로, 우리가 마시는 물 외에 제품을 만들 때 사용되는 물이에요. A4 용지 한 장을 만드는 데는 약 10.5리터, 콜라 1리터에는 약 9리터, 햄버거 한 개에는 약 2.4리터의 물이 사용된대요.

(   )

3 지구촌의 굶주린 어린이들을 위해서 우리가 할 수 있는 일이에요. 또 무엇이 있는지 두 가지 이상 써 보아요.

우리가 할 수 있는 일들

1. 체험과 배움을 통해 느낀 것을 표현해요. 지구촌 친구들의 어려움을 널리 알리는 것만으로도 큰 도움이 되지요.

2. ....

3. ....

❶ 특명! 인권을 알아내라!

1. 사람, 권리
2. ① 인권은 태어나는 순간부터 주어진다.
3. ① - ⓒ, ② - ㉠
4. 필요하지 않다, 소중하다
5. 다르구나. 참 예뻐.

❷ 인권이 없던 시대가 있었다고?!

1. ① → ④ → ③ → ②
2. ① ○ ② ○ ③ ×
3. ① 박애 ② 평등 ③ 자유
4. ㉠ 독일 ⓒ 폴란드
5. 유엔(UN)

❸ 인권을 지켜 낸 사람들

1. 야누슈 코르착
2. ①. 테레사 수녀는 오늘날 마케도니아에서 태어났다.
3. 영국이 남아프리카 공화국을 식민지로 삼고 지배하였다. 남아프리카 공화국 국민들은 학교에서도 영국식 교육을 받아야 했기 때문에 만델라 역시 영국식 이름을 갖게 된 것이다.
4. ②

❹ 세상 속 구석구석, 다양한 인권들

1. ① - ⓒ, ② - ㉠
2. 장애인 전용 엘리베이터 등 장애인을 위한 시설은 장애인이 쓸 수 있도록 아껴 둔다. 도움이 필요한 장애인 친구를 돕는다.
3. ③. 민주주의는 국민이 주인이 되어 국민을 위해 정치를 하는 것을 말한다.
4. ③

❺ 인권을 지키는 세계 시민이 되자!

1. ④
2. 가상수
3. 지구촌 어려운 친구들에게 희망의 메시지를 적어 응원한다. 용돈을 모아 기부한다.

찾아보기